功能性快速伸缩
复合训练方法

尹军 代俊龙 柯诚 宋彦霞 编著

中央民族大学出版社
China Minzu University Press

图书在版编目（CIP）数据

功能性快速伸缩复合训练方法 / 尹军等编著. —
北京：中央民族大学出版社，2025.5. —ISBN 978-7-
5660-2490-9

Ⅰ.G808.12

中国国家版本馆 CIP 数据核字第 2025Q6X039 号

功能性快速伸缩复合训练方法

编　　著	尹　军　代俊龙　柯　诚　宋彦霞
策划编辑	赵秀琴
责任编辑	陈　琳
封面设计	舒刚卫
出版发行	中央民族大学出版社
	北京市海淀区中关村南大街 27 号　　邮编：100081
	电话：（010）68472815（发行部）　传真：（010）68933757（发行部）
	（010）68932218（总编室）　　　　（010）68932447（办公室）
经 销 者	全国各地新华书店
印 刷 厂	北京鑫宇图源印刷科技有限公司
开　　本	787×1092　1/16　印张：23.75
字　　数	340 千字
版　　次	2025 年 5 月第 1 版　2025 年 5 月第 1 次印刷
书　　号	ISBN 978-7-5660-2490-9
定　　价	119.00 元

版权所有　翻印必究

序

　　快速伸缩复合训练作为发展爆发力的一种训练方法，已在球类、田径、体操等众多体育项目中得到广泛应用。它不仅涉及肌肉系统、骨骼系统，还涉及神经系统，主要以预先拉长肌肉、反向运动、助力运动等方式，利用肌肉和肌腱的弹性势能及牵张反射，使肌肉在完成向心收缩动作的过程中更加快速、有力。快速伸缩复合训练通过提升发力的速度来增强爆发力，通过增加储存和释放弹性势能来促进本体感觉发展、神经系统发展、神经与肌肉协调运动、表层肌肉与深层肌肉协同运动。同时，快速伸缩复合训练还能促进脑部生长、骨骼生长、身高增长、人体塑形等。因此，运动员可以通过快速伸缩复合训练完善以上要素，进而提升专项运动表现力。

　　为了使读者更好地学习、应用快速伸缩复合训练方法，本书从运动医学和运动人体科学两个角度阐述了快速伸缩复合训练的理论基础和运动生物科学原理，分析了快速伸缩复合训练的类型，以及快速伸缩复合训练在体育教学、运动训练、日常生活和工作等不同场景中的应用，并且详细介绍了篮球、足球、排球、橄榄球、乒乓球、羽毛球、网球、飞盘、攀岩、小轮车、跑酷11个体育运动的项目特征、动作特征及相关快速伸缩复合训练动作的进阶方法。期待读者通过本书对快速伸缩复合训练形成较为全面的认识。

目 录

理论篇

第一章　快速伸缩复合训练的运动生物科学基础 / 2

第一节　快速伸缩复合训练的理论基础 / 2
一、快速伸缩复合训练的概念和特点 / 2
二、快速伸缩复合训练的作用 / 3

第二节　快速伸缩复合训练的生物力学和生理学原理 / 7
一、快速伸缩复合训练的生物力学原理 / 7
二、快速伸缩复合训练的生理学原理 / 8

第三节　快速伸缩复合训练的类型 / 15
一、上肢快速伸缩复合训练 / 15
二、下肢快速伸缩复合训练 / 15
三、躯干快速伸缩复合训练 / 17

第四节　快速伸缩复合训练在不同情境中的应用 / 19
一、快速伸缩复合训练在体育教学中的应用 / 19
二、快速伸缩复合训练在运动训练中的应用 / 22
三、快速伸缩复合训练在工作和生活中的应用 / 26
四、快速伸缩复合训练在游戏中的应用 / 27

实践篇

第二章 篮球项目的快速伸缩复合训练方法 / 38

第一节 篮球运动的项目特征 / 38
一、篮球运动快速伸缩复合训练的需求 / 38
二、不同位置的训练特征 / 39
三、篮球运动快速伸缩复合训练的应用 / 40

第二节 篮球项目的技术动作特征 / 41
一、篮球技术 / 41
二、篮球技术的主要特征 / 42
三、篮球技术训练与运动生理学的关系 / 42

第三节 篮球项目的快速伸缩复合训练方法 / 43
一、下肢快速伸缩复合训练 / 43
二、上肢快速伸缩复合训练 / 53
三、躯干快速伸缩复合训练 / 63

第三章 足球项目的快速伸缩复合训练方法 / 70

第一节 足球运动的项目特征 / 70
一、足球运动快速伸缩复合训练的需求 / 70
二、不同位置的训练特征 / 71
三、足球运动快速伸缩复合训练的应用 / 72

第二节 足球项目的技术动作特征 / 73
一、足球技术 / 73
二、足球技术的主要特征 / 74
三、足球技术训练与运动生理学的关系 / 75

第三节 足球项目的快速伸缩复合训练方法 / 76
一、下肢快速伸缩复合训练 / 76

二、上肢快速伸缩复合训练 / 87

三、躯干快速伸缩复合训练 / 99

第四章　排球项目的快速伸缩复合训练方法 / 106

第一节　排球运动的项目特征 / 106

一、排球运动快速伸缩复合训练的需求 / 106

二、不同位置的训练特征 / 107

三、排球运动快速伸缩复合训练的应用 / 108

第二节　排球项目的技术动作特征 / 109

一、排球技术 / 109

二、排球技术的主要特征 / 110

三、排球技术训练与运动生理学的关系 / 111

第三节　排球项目的快速伸缩复合训练方法 / 112

一、下肢快速伸缩复合训练 / 112

二、上肢快速伸缩复合训练 / 128

三、躯干快速伸缩复合训练 / 139

第五章　橄榄球项目的快速伸缩复合训练方法 / 150

第一节　橄榄球运动的项目特征 / 150

一、橄榄球运动快速伸缩复合训练的需求 / 150

二、不同位置的训练特征 / 151

三、橄榄球运动快速伸缩复合训练的应用 / 152

第二节　橄榄球项目的技术动作特征 / 153

一、橄榄球技术 / 153

二、橄榄球项目的益处 / 154

三、橄榄球技术训练与运动生理学的关系 / 155

第三节　橄榄球项目的快速伸缩复合训练方法 / 156

一、上肢快速伸缩复合训练 / 156

二、下肢快速伸缩复合训练 / 167

三、躯干快速伸缩复合训练 / 182

第六章　乒乓球项目的快速伸缩复合训练方法 / 192

第一节　乒乓球运动的项目特征 / 192

一、乒乓球运动快速伸缩复合训练的需求 / 192

二、不同位置的训练特征 / 193

三、乒乓球运动快速伸缩复合训练的应用 / 193

第二节　乒乓球项目的技术动作特征 / 194

一、乒乓球技术 / 194

二、乒乓球技术的主要特征 / 195

三、乒乓球技术训练与运动生理学的关系 / 196

第三节　乒乓球项目的快速伸缩复合训练方法 / 197

一、上肢快速伸缩复合训练 / 197

二、下肢快速伸缩复合训练 / 210

三、躯干快速伸缩复合训练 / 227

第七章　羽毛球项目的快速伸缩复合训练方法 / 240

第一节　羽毛球运动的项目特征 / 240

一、羽毛球运动快速伸缩复合训练的需求 / 241

二、羽毛球单打与双打的训练特征 / 241

三、羽毛球运动快速伸缩复合训练的应用 / 242

第二节　羽毛球项目的技术动作特征 / 243

一、羽毛球技术 / 243

二、羽毛球技术的主要特征 / 243

三、羽毛球技术与运动生理学的关系 / 244

第三节　羽毛球项目的快速伸缩复合训练方法 / 245

一、上肢快速伸缩复合训练 / 245

二、下肢快速伸缩复合训练 / 253

三、躯干快速伸缩复合训练 / 260

第八章　网球项目的快速伸缩复合训练方法 / 271

第一节　网球运动的项目特征 / 271

一、网球运动快速伸缩复合训练的需求 / 271

二、网球单打与双打的训练特征 / 272

三、网球运动快速伸缩复合训练的应用 / 272

第二节　网球项目的技术动作特征 / 273

一、网球技术 / 273

二、网球技术的主要特征 / 273

三、网球技术与运动生理学的关系 / 275

第三节　网球项目的快速伸缩复合训练方法 / 275

一、上肢快速伸缩复合训练 / 275

二、下肢快速伸缩复合训练 / 278

三、躯干快速伸缩复合训练 / 283

第九章　飞盘项目的快速伸缩复合训练方法 / 292

第一节　飞盘运动的项目特征 / 292

一、飞盘运动快速伸缩复合训练的需求 / 293

二、不同位置的训练特征 / 293

三、飞盘运动快速伸缩复合训练的应用 / 294

第二节　飞盘项目的技术动作特征 / 295

一、飞盘技术 / 295

二、飞盘技术的主要特征 / 296

三、飞盘技术训练与运动生理学的关系 / 297

第三节 飞盘项目的快速伸缩复合训练方法 / 298

一、上肢快速伸缩复合训练 / 298

二、下肢快速伸缩复合训练 / 301

三、躯干快速伸缩复合训练 / 304

第十章 攀岩项目的快速伸缩复合训练方法 / 311

第一节 攀岩运动的项目特征 / 311

一、攀岩运动快速伸缩复合训练的需求 / 312

二、不同项目的训练特征 / 312

三、攀岩运动快速伸缩复合训练的应用 / 314

第二节 攀岩项目的技术动作特征 / 315

一、攀岩技术 / 315

二、攀岩技术的主要特征 / 316

三、攀岩技术训练与运动生理学的关系 / 317

第三节 攀岩项目的快速伸缩复合训练方法 / 318

一、上肢快速伸缩复合训练 / 318

二、下肢快速伸缩复合训练 / 322

三、躯干快速伸缩复合训练 / 325

第十一章 小轮车项目的快速伸缩复合训练方法 / 331

第一节 小轮车运动的项目特征 / 331

一、小轮车运动快速伸缩复合训练的需求 / 332

二、小轮车项目的训练特征 / 332

三、小轮车运动快速伸缩复合训练的应用 / 333

第二节　小轮车项目的技术动作特征　/ 334

一、小轮车技术　/ 334

二、小轮车技术的主要特征　/ 335

三、小轮车竞速技术训练与运动生理学的关系　/ 336

第三节　小轮车项目的快速伸缩复合训练方法　/ 337

一、上肢快速伸缩复合训练　/ 337

二、下肢快速伸缩复合训练　/ 339

三、躯干快速伸缩复合训练　/ 342

第十二章　跑酷项目的快速伸缩复合训练方法　/ 348

第一节　跑酷运动的项目特征　/ 348

一、跑酷运动快速伸缩复合训练的需求　/ 349

二、跑酷运动的训练特征　/ 349

三、跑酷运动快速伸缩复合训练的应用　/ 350

第二节　跑酷项目的技术动作特征　/ 351

一、跑酷运动技术　/ 351

二、跑酷运动的主要文化特点　/ 354

三、跑酷技术与运动生理学的关系　/ 355

第三节　跑酷项目的快速伸缩复合训练方法　/ 356

一、上肢快速伸缩复合训练　/ 356

二、下肢快速伸缩复合训练　/ 359

三、躯干快速伸缩复合训练　/ 362

理论篇

第一章 快速伸缩复合训练的运动生物科学基础

第一节 快速伸缩复合训练的理论基础

一、快速伸缩复合训练的概念和特点

快速伸缩复合训练的英文名称为 Plyometrics 或 Plyometric Trianing。Plyometrics 一词来源于古希腊奥林匹克运动会的 Jump Training，如单双脚跳、交换跳等形式的跳跃训练。关于 Plyometrics 一词的中文译名，国内外存在一定的差异。我国的台湾和香港大多将之译为"增强式训练"或"弹震式训练"，除此之外的我国地区将之译为"超等长训练"，直到近十年，它才被统一译为"快速伸缩复合训练"。"快速伸缩复合训练"一词的使用时间较短，很多研究领域仍使用其他中文译名，如意大利、瑞典和苏联的研究成果所用的中文译名为"拉长—缩短周期（Stretch-Shortening Cycle，SSC）"，因而在国外部分文献中，有的学者使用 SSC 来代替"快速伸缩复合训练"一词，其原理等同于快速伸缩复合训练。

"快速伸缩"指肌肉在最短的时间内最大限度地拉长，并且以最快的速度完成收缩。快速伸缩复合训练的目的是通过肌肉、肌腱储存的弹性势能及牵张反射来增强肌肉的发力，提高肌肉运动的速度，这样，动作更加快速、有力。它包含增强爆发力的各种动作练习，如跳深练习就是最常用

的练习方法。

按照负荷强度进行等级划分，快速伸缩复合训练通常可被分为最大强度和次最大强度两种。其中，最大强度快速伸缩复合训练（Maximal Plyometrics）是由超高强度练习组成的，它表现为一种强烈的肌肉收缩形式，一般由跳深和其他变换形式的动作组成；次最大强度快速伸缩复合训练（Submaximal Plyometrics）则由低等到中等强度的各种练习组成，通常由跳深以外的大部分练习动作组成。

另外，快速伸缩复合训练可以冲击接触式训练（如起跳、跳跃、垫步跳、增强式俯卧撑等）为导向，此时，与地面或其他物体的冲击接触可对肌肉收缩形式产生可逆性的刺激；也可以非冲击接触式训练（如击打、猛推、投掷等）为导向，此种训练属于开链式训练。总之，肌肉离心收缩时长和向心收缩时长并没有由于直接与其他物体接触而增加。

国外相关研究表明，快速伸缩复合训练能够提高运动员的灵敏性、跑步竞技性，以及躯干支柱稳定能力。此外，还有研究表明快速伸缩复合训练能够增强肌肉力量，提高纵跳成绩；适宜的快速伸缩复合训练不仅能够提高反应速度，快速移动、变向能力，还能减少运动时能量的消耗，进而有助于预防运动伤病。篮球、足球、排球等项目都要求在运动过程中的极短时间内进行多次起跳、反复变向移动、连续起跳空中扣球等。快速伸缩复合训练可作为提高专项运动能力的训练手段，通过增强肌肉的发力、提高肌肉运动的速度来增强爆发力，通过肌肉储存、释放弹性势能来提升反应能力，通过强化身体各个关节及连接处的力量来提高肌肉力量的传递效率。快速伸缩复合训练能够通过改善以上要素来增强专项运动表现力，因此对于大多数体育项目，它是值得推广使用的一种训练方法。

二、快速伸缩复合训练的作用

随着人们对快速伸缩复合训练的兴趣不断增加，国内外很多研究人员认为这种训练方式对改善运动表现有立竿见影的效果，它已经被证明可以改善青少年和成年人的力量素质。

Michailidis Y等学者将31名青少年足球运动员（年龄为12.0±0.8岁）随机分为对照组（n=14）和干预组（n=17），干预组进行额外的快速伸缩复合训练和变向训练。经过6个星期的训练，发现快速伸缩复合训练和变向训练的短期组合训练方案可以有效提高青少年足球运动员的弹跳能力、加速跑能力和耐力参数。Bogdanis G C等学者发现，在模拟跳远比赛中，在每次跳跃前3min进行快速伸缩复合训练，跳远成绩能够得到提高。这一成绩的提高得益于起跳的垂直速度明显提高，而水平速度受到的影响不明显。Creekmur C C等学者在10名男子田径运动员进行冲刺跑之前的热身活动中加入了快速伸缩复合训练，结果显示，可以提高短距离20m和40m冲刺跑成绩。Khodaei K等学者将辅助型、抗阻型与普通型快速伸缩复合训练模式对增强男子冲刺跑效果和灵敏性表现进行比较研究后发现，与普通型快速伸缩复合训练相比，弹力带辅助和抗阻型快速伸缩复合训练模式能够有效提高男子短跑的灵敏性。此外，在提高短跑灵敏性方面，抗阻型快速伸缩复合训练模式的效果优于辅助型训练模式。Loturco I等学者将垂直或水平快速伸缩复合训练模式对U-20足球运动员的短跑表现的影响进行研究发现，快速伸缩复合训练能够提升神经对肌肉的控制能力，有助于提高足球运动员的加速度和最大速度。尽管以上两种方法在提高短跑表现方面都有效，但水平快速伸缩复合训练更适合在短距离（最长10m）内提高加速度，垂直快速伸缩复合训练更适合在较长距离（10m至20m）内提高最大速度。同时，快速伸缩复合训练在提升高水平足球运动员的神经性反应、速度力量等方面也具有重要的作用。

对于大多数体育项目，很多动作或技能往往需要运动者具备较好的身体控制能力和较强的灵敏性，这样，人体才能获得最佳的速度和力量，表现出较强的爆发力。总体来说，快速伸缩复合训练主要有以下几个作用：以储存、释放弹性势能来增强反应能力，从而提高肌肉的收缩速度。强化身体各关节的协调性，减少运动过程中的能量消耗，提高上、下肢动量的传递效率。提高神经感受器的兴奋性，从而改善神经肌肉系统的协同性，提高反应、快速变向能力，以及肌肉的发力和收缩速度，有助于增强爆发力，预防运动损伤。

参考文献：

[1]Bobbert M F. Drop Jumping as a Training Method for Jumping Ability[J]. Sports Med, 1990(1).

[2]Bobbert M F, Huijing P A, van Ingen Schenau G J. Drop Jumping I. The Influence of Jumping Technique on the Biomechanics of Jumping[J]. Med Sci Sports Exerc, 1987(4).

[3]Wilk K E, Voight M L, Keirns M A, Gambetta V, Andrews J R, Dillman C J. Stretch-shortening Drills for the Upper Extremities: Theory and Clinical Application[J]. J Orthop Sports Phys Ther, 1993(5).

[4]Kaeding C C, Whitehead R. Musculoskeletal Injuries in Adolescents[J]. Prim Care, 1998(1).

[5]Hewett T E, Stroupe A L, Nance T A, Noyes F R. Plyometric Training in Female Athletes. Decreased Impact Forces and Increased Hamstring Torques[J]. Am J Sports Med, 1996(6).

[6]冯宇超，陈佳豪，曾锦树，徐菁，周大亮，沈歆，徐飞.健康体育课程嵌入SSC练习以促进儿童青少年骨健康：证据与应用[J].杭州师范大学学报（自然科学版），2023（1）.

[7]Chmielewski T L, Myer G D, Kauffman D, Tillman S M. Plyometric Exercise in the Rehabilitation of Athletes: Physiological Responses and Clinical Application[J]. J Orthop Sports Phys Ther, 2006(5).

[8]Chmielewski T L, George S Z, Tillman S M, Moser M W, Lentz T A, Indelicato P A, Trumble T N, Shuster J J, Cicuttini F M, Leeuwenburgh C.

Low-versus High-intensity Plyometric Exercise during Rehabilitation after Anterior Cruciate Ligament Reconstruction[J]. Am J Sports Med, 2016(3).

[9]Stojanović E, Ristić V, McMaster D T, Milanović Z. Effect of Plyometric Training on Vertical Jump Performance in Female Athletes: a Systematic Review and Meta-analysis[J]. Sports Med, 2017(5).

[10]Michailidis Y, Tabouris A, Metaxas T. Effects of Plyometric and Directional Training on Physical Fitness Parameters in Youth Soccer Players[J]. Int J Sports Physiol Perform, 2019(3).

[11]Bogdanis G C, Tsoukos A, Veligekas P. Improvement of Long-jump Performance during Competition Using a Plyometric Exercise[J]. Int J Sports Physiol Perform, 2017(2).

[12]Creekmur C C, Haworth J L, Cox R H, Walsh M S. Effects of Plyometrics Performed during Warm-up on 20m and 40m Sprint Performance[J]. J Sports Med Phys Fitness, 2017 May(5).

[13]彭伟佳. 快速伸缩复合训练对弹跳能力发展的实验研究——以广东省青年男排运动员为例[D]. 广州：广州体育学院，2021.

[14]Khodaei K, Mohammadi A, Badri N. A Comparison of Assisted, Resisted and Common Plyometric Training Modes to Enhance Sprint and Agility Performance[J]. J Sports Med Phys Fitness, 2017(10).

[15]Loturco I, Pereira L A, Kobal R, Zanetti V, Kitamura K, Abad C C, Nakamura F Y. Transference Effect of Vertical and Horizontal Plyometrics on Sprint Performance of High-level U-20 Soccer Players[J]. J Sports Sci, 2015(20).

第二节　快速伸缩复合训练的生物力学和生理学原理

一、快速伸缩复合训练的生物力学原理

肌肉在各种体育活动中起着"产力发动机""离心缓冲减速器"或"减震器"的作用，主要由于肌肉具有活性和弹性特性。这些弹性特征构成了肌肉力学的机械基础，并且由肌肉内部的三个结构成分收缩成分（CC）、串联弹性组件（SEC）和并联弹性组件（PEC）（见图1-1）相互作用，以产生力量。

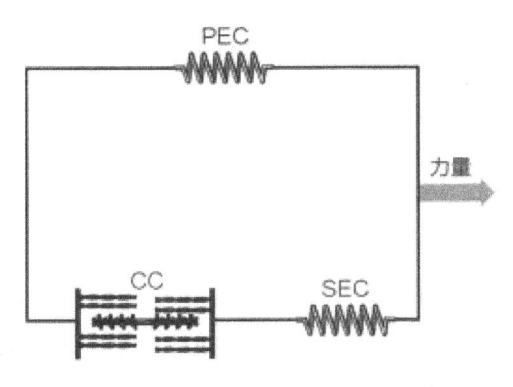

图1-1　肌肉内部的三个结构成分[1]

在快速伸缩复合训练中，串联弹性组件的力学行为是该训练模式中最核心的要素，构成串联弹性组件的主要结构是肌腱。肌腱结构的弹性势能在受到外部刺激时会增加，并被储存起来。然而在运动实践过程中，当离

---

[1] Albert M. Eccentric Muscle Training in Sports and Orthopaedics[M]. New York: Churchill Livingstone, 1995.

心收缩拉长的动作迅速转变为向心收缩的动作时，前期储存的弹性势能会立即释放，进而使产生的肌肉力量得到整体增大。例如，人体肌肉在进行离心收缩时，串联弹性组件如同一根弹力带被逐渐拉长，弹性势能也因此被储存起来。当离心收缩结束，迅速转入向心收缩时，储存的弹性势能也会瞬间释放，使肌肉向心收缩的力量增加。如果肌肉在离心收缩结束后没有迅速转入向心收缩，或者离心收缩的时间过长、动作幅度过大，前期储存的弹性势能便会以热能的形式消耗殆尽。

二、快速伸缩复合训练的生理学原理

(一) 牵张反射

快速伸缩复合训练在神经生理学模型中涉及利用牵张反射来增强肌肉向心收缩的力量。人的躯体运动和姿势保持受神经系统调控，其基本机制之一就是牵张反射，即骨骼肌在受到外力牵拉时引起受牵拉的同一肌肉收缩的反射活动。然而在快速伸缩复合训练中，对于牵张反射，它的感受器是肌梭，传入纤维是Ia、II类纤维，传出纤维是α运动神经元，而α运动神经元支配的效应器是梭外肌。当肌肉被牵拉导致梭内、外肌被拉长时，会产生肌梭兴奋，通过I、II类纤维将信息传入脊髓，造成脊髓前角运动神经元兴奋，通过α纤维和γ纤维引起梭外、内肌收缩。其中，α运动神经元兴奋使梭外肌收缩，以对抗牵张，γ运动神经元兴奋引起梭内肌收缩，以维持肌梭兴奋的传入，保证牵张反射的强度。此外，γ运动神经元在高位脑中枢的影响下，不时产生少量冲动，使梭内肌纤维发生轻度收缩，提高了螺旋状感受器的敏感性，使之产生的传入冲动增多，肌紧张增强，称"γ环路"。

牵张反射（见图1-2）有腱反射和肌紧张两种类型。牵张反射的减弱或消失提示反射弧的传入、传出路径的损坏或相应反射中枢的损伤，牵张反射的亢进提示高位脑中枢发生了病变。腱反射指在快速牵拉肌腱的过程中产生的牵张反射，如膝反射；此外，属于腱反射的还有跟腱反射、肘反射等。正常人群中的极少数人会产生腱反射亢进。肌紧张指在缓慢持续牵拉肌腱的过程中产生的牵张反射，表现为受牵拉的肌肉发生紧张性收缩，阻止被拉长。肌紧张是保持躯体姿势最基本的反射活动，是姿势反射的基础。

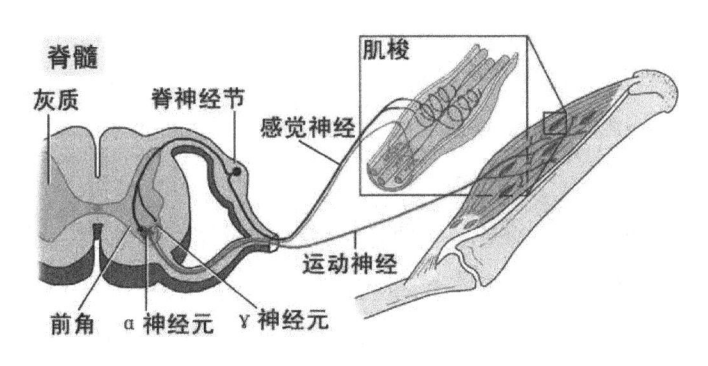

图 1-2　牵张反射示意①

在快速伸缩复合训练中，当肌肉进行向心收缩，肌梭输出减少，这是因为肌纤维正在缩短或试图缩短。在离心收缩的过程中，肌肉受到牵拉，反射延长，使肌肉中的肌纤维产生更多的张力。当肌肉张力增加到高水平或达到潜在的损伤程度，高尔基肌腱器官就会启动，从而产生一种减少肌肉兴奋的神经模式。牵张反射的增强效应与在力学模型中一样，如果肌肉在进行了离心收缩之后没有立刻进行向心收缩（即肌肉向心收缩与离心收缩衔接的时间过长或动作幅度超过一定范围），那么牵张反射的增强能力就会被抵消。

（二）拉长 — 缩短周期（Stretch-Shortening Cycle，SSC）

快速伸缩复合训练的运动形式表现为速度性、爆发性的动作，涉及

---

① 选自吉大二院发育儿科儿童康复公众号，篇名为《肌梭腱器官牵张反射本体感觉运动技能》。

肌肉的预牵张后缩短、肌肉的向心收缩，从而利用肌肉的拉长—缩短周期。当肌肉经历了离心收缩到向心收缩前的过渡期，就会形成拉长—缩短周期。人体的大部分习惯性活动，如走、跑、跳等都涉及肌肉、肌腱的交替拉长和缩短，即所谓的"拉长—缩短周期"。人体的解剖学和生理学特征可以优化这一重要的肌肉骨骼功能。1975年，Grillner提出拉长—缩短周期是在不增加能量消耗的情况下提高运动功率的基本机制。它不限于运动，而是构成了一个基本的运动控制方案，是人体很多运动，如投掷、踢、击打等的基础。在拉长—缩短周期中，踝关节、膝关节和髋关节的肌肉以特定的方式被激活，从而能够产生较大的肌肉力量和储存弹性能量。

拉长—缩短周期的基本原理是将弹性能量储存在肌腱、肌肉等组织中。其中，跑步和跳跃是阐释能量转化有助于减少能量代谢和提高运动竞技性最理想的例子。相关的研究成果显示，在跳跃时骨组织应变最强，其次是跑步和步行。而在静态练习时，骨组织应变很弱。快速伸缩复合训练即强调拉长—缩短刺激，构成了一种在拉力有限的情况下增强组织应变的策略。

从解剖学角度来看，腓肠肌—跟腱复合体，以及短而强壮的肌肉、长而坚韧的肌腱，是拉长—缩短周期功能的优化结构。虽然大小和长度代表了优化肌腱和肌肉功能的解剖学特征，但肌肉硬度的调节主要依赖肌肉激活，这也说明神经控制在拉长—缩短周期中的关键作用。

表 1-1 拉长—缩短周期

阶段	运动表现	生理活动
离心阶段	主动肌群的拉长	弹性能量存储在SEC中 肌梭受到刺激
过渡阶段	离心阶段和向心阶段之间的短暂间歇	信号经Ia型传入神经突触和α运动神经元 α运动神经元向主动肌群传递信号
向心阶段	主动肌群的收缩	弹性能量从SEC中释放出来 α运动神经元刺激主动肌群

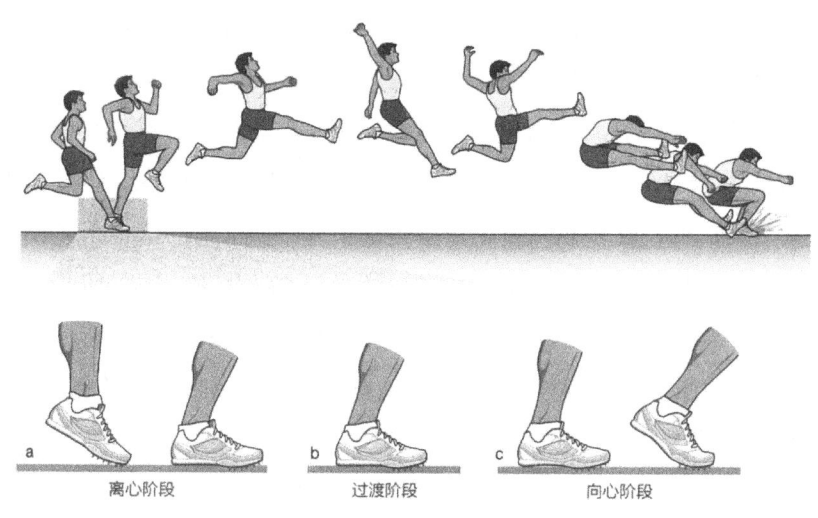

图 1-3　拉长—缩短周期示意①

　　拉长—缩短周期利用肌肉的弹性和反应性产生最大的力量，并在极短的时间内利用身体本体感受器的刺激促进肌肉募集的反射刺激，以及串联弹性组件的能量储存。其中，拉长—缩短周期包含3个不同的阶段（见表1-1）。第一阶段为离心阶段，表现为对主动肌群施加前负荷。在此阶段，串联弹性组件储存弹性势能并刺激肌梭，肌梭被拉长时，会通过Ia型神经纤维将信号发送至脊髓前根。例如在跳远起跳过程中，从脚尖触地到整个脚底触地的动作就属于离心阶段。第二阶段为过渡阶段，又称"耦联期"，是离心阶段到向心阶段的过渡。肌肉从离心阶段过渡到向心阶段的延迟体现为Ia型传入神经突触和α运动神经元在脊髓前根发生传递的过程，随后，α运动神经元将冲动传递给主动肌。此阶段是肌肉能否获得更强的收缩力的关键，时间必须很短，如果时间拖得较长，储存的弹性势能便会以热能的形式释放出去，肌肉牵张反射的能量也不能在肌肉工作

---

①　美国国家体能协会，[美]G.格雷戈里·哈夫，[美]N.特拉维斯·特里普利特.NSCA-CSCS美国国家体能协会体能教练认证指南（第4版）[M].王雄，闫琪，周爱国，等，译.北京：人民邮电出版社，2021.

的向心阶段发挥。例如在跳远起跳过程中，一旦脚触地且动作停止，就开始了过渡阶段，一旦停顿结束，也代表过渡阶段的结束。第三阶段为向心阶段，表现为身体对离心和过渡阶段的反应。在此阶段，离心收缩储存的弹性势能得以释放，可增加肌肉力量或转化成热能。另外，α运动神经元激活主动肌群，促使肌肉进行向心运动，即牵张反射。这也是正确进行快速伸缩复合训练的核心要素。例如在跳远起跳过程中，腓肠肌是主动收缩的肌肉。脚着地后，腓肠肌迅速拉长（离心阶段）；动作中有个短暂的延迟（过渡阶段）；随后肌肉进行向心收缩，踝关节屈曲，以蹬离地面（离心阶段）。（见图1-3）

参考文献：

[1]Wilk K E, Voight M L, Keirns M A, Gambetta V, Andrews J R, Dillman C J. Stretch-shortening Drills for the Upper Extremities: Theory and Clinical Application[J]. J Orthop Sports Phys Ther, 1993(5).

[2]Gruber M, Kramer A, Mulder E, Rittweger J. The Importance of Impact Loading and the Stretch Shortening Cycle for Spaceflight Countermeasures[J]. Front Physiol, 2019(10).

[3]Grillner S. Locomotion in Vertebrates: Central Mechanisms and Reflex Interaction[J]. Physiol Rev. 1975(2).

[4]de Villarreal E S S, Kellis E, Kraemer W J, Izquierdo M. Determining Variables of Plyometric Training for Improving Vertical Jump Height Performance: A Meta-analysis[J]. J Strength Cond Res, 2009.

[5]Komi P V, Gollhofer A. Stretch Reflexes Can Have an Important Role in Force Enhancement during SSC Exercise[J]. J Appl Biomech, 1997.

[6]Kramer A, Poppendieker T, Gruber M. Suitability of Jumps as a Form of High-intensity Interval Training: Effect of Rest Duration on Oxygen Uptake, Heart Rate and Blood Lactate[J]. Eur J Appl Physiol, 2019.

[7]Lichtwark G, Wilson A. In Vivo Mechanical Properties of the Human Achilles Tendon during One-legged Hopping[J]. J Exp Biol, 2005.

[8]Markovic G. Does Plyometric Training Improve Vertical Jump Height? a Meta-analytical Review[J]. Br J Sports Med, 2007.

[9]Roberts T J. Contribution of Elastic Tissues to the Mechanics and Energetics of Muscle Function during Movement[J]. J Exp Biol, 2016.

[10]Slimani M, Chamari K, Miarka B, Del Vecchio F B, Chéour F. Effects of Plyometric Training on Physical Fitness in Team Sport Athletes: a Systematic Review[J]. J Hum Kinet, 2016.

[11]Taube W, Leukel C, Gollhofer A. How Neurons Make Us Jump: the Neural Control of Stretch-shortening Cycle Movements[J]. Exerc Sport Sci Rev, 2012.

[12]Aura O, Komi P V. Effects of Prestretch Intensity on Mechanical Efficiency of Positive Work and on Elastic Behavior of Skeletal Muscle in Stretch-shortening Cycle Exercise[J]. Int J Sports Med, 1986(3).

[13]Kositsky A, Kidge J, Avela J. Medial Gastrocnemius Muscle Architecture is Altered after Exhaustive Stretch-shortening Cycle Exercise[J]. Front Physiol. 2019(10).

[14]Aeles J, Lichtwark G, Peeters D, Delecluse C, Jonkers I, Vanwanseele B. Effect of a Prehop on the Muscle-tendon Interaction during Vertical Jumps[J]. J Appl Physiol(1985), 2018(5).

[15]Kubo K, Ikebukuro T, Yata H. Effects of Plyometric Training on Muscle-tendon Mechanical Properties and Behavior of Fascicles during Jumping[J]. Physiol Rep, 2021(21).

[16]Nicol C, Avela J, Komi P V. The Stretch-shortening Cycle: a Model to Study Naturally Occurring Neuromuscular Fatigue[J]. Sports Med. 2006(11).

[17]Komi P V. Stretch-shortening Cycle: a Powerful Model to Study

Normal and Fatigued Muscle[J]. J Biomech, 2000(10).

[18]Kubo K, Ishigaki T, Ikebukuro T. Effects of Plyometric and Isometric Training on Muscle and Tendon Stiffness in Vivo[J]. Physiol Rep, 2017(15).

[19]Markovic G, Mikulic P. Neuro-musculoskeletal and Performance Adaptations to Lower-extremity Plyometric Training[J]. Sports Med, 2010(10).

[20]Komi P V, Buskirk E R. Effect of Eccentric and Concentric Muscle Conditioning on Tension and Electrical Activity of Human Muscle[J]. Ergonomics, 1972(4).

[21]Asmussen E, Bonde-Petersen F. Storage of Elastic Energy in Skeletal Muscles in Man[J]. Acta Physiol Scand, 1974(3).

[22]Asmussen E, Bonde-Petersen F. Apparent Efficiency and Storage of Elastic Energy in Human Muscles during Exercise[J]. Acta Physiol Scand, 1974(4).

[23]Cavagna G A. Storage and Utilization of Elastic Energy in Skeletal Muscle[J]. Exerc Sport Sci Rev, 1977(5).

[24]Milgrom C, Finestone A, Levi Y, Simkin A, Ekenman I, Mendelson S, et al. Do High Impact Exercises Produce Higher Tibial Strains than Running?[J]. Br J Sports Med, 2000a(34).

[25]Milgrom C, Finestone A, Simkin A, Ekenman I, Mendelson S, Millgram M, et al. In-vivo Strain Measurements to Evaluate the Strengthening Potential of Exercises on the Tibial Bone[J]. Br J Bone Joint Surg, 2000b(82).

[26]Davies G, Riemann B L, Manske R. Current Concepts of Plyometric Exercise[J]. Int J Sports Phys Ther, 2015(6).

第三节　快速伸缩复合训练的类型

快速伸缩复合训练的类型是由完成练习动作的身体部位决定的，可根据身体部位将快速伸缩复合训练分为上肢、躯干和下肢三种训练类型。例如，双脚跳是一种下肢快速伸缩复合训练的练习方式，双手抛实心球则是一种上肢快速伸缩复合训练的练习方式。

一、上肢快速伸缩复合训练

在铅球、铁饼、标枪、羽毛球、网球等诸多运动项目中，练习者都需要在短时间内做出快速、有力的上肢动作。有研究揭示，高水平棒球手的速度高达 129 — 161km/h，这就要求其肩关节的动作速度超过 6000°/s。适宜的上肢快速伸缩复合训练不仅可以提高肩关节的动作速度，也有助于预防肩肘关节损伤。根据动作形式，上肢快速伸缩复合训练方法可被分为抛、接实心球或重物，俯姿提拉杠铃，快速抖长绳，爬绳，挺举，颈后拉，各种变式的俯卧撑等。

二、下肢快速伸缩复合训练

下肢快速伸缩复合训练涉及三大球、小球、短跑、跳跃、投掷、游泳、体操等很多体育项目。其中，排球运动需要人体在水平或垂直方向进行快速移动；短跑和橄榄球运动需要人体进行水平或横向移动；足球和篮球运动都需要人体做出快速、有力的动作，并且在不同的平面上改变方向。大多数体育项目都需要人体在短时间内完成多次起跳、迅速改变方向或移动，在更短的时间内产生最大的肌肉力量。因此，在比赛中获得优异成绩，就需要人体跳得更高，移动得更快。下肢快速伸缩复合训练可以使人体在短时间内产生较大的爆发力；提高肌肉在一定强度下牵拉的能力；提高身体快速反应和变向的能力，减少完成动作时能量的泄露，降低运动损伤发生的概率。

下肢快速伸缩复合训练的方法多种多样，根据动作形式可分为原地跳、立定跳、交换跳、跳箱、跳深、多形式单脚跳和双脚跳等（见表1-2），根据跳跃方向可分为纵向、横向和旋转，根据跳跃形式可分为无反向式、有反向式和双接触式（见表1-3）。

表1-2　下肢快速伸缩复合训练动作形式

动作类型	动作描述
原地跳	动作特点是在同一地点跳起并着地。此动作强调垂直跳跃，两次跳跃之间没有休息，跳跃之间为拉长—缩短周期的过渡阶段。主要包括深蹲跳、抱膝跳等。
立定跳	动作特点是需尽最大努力跳跃，且两次跳跃之间有休息。此动作强调水平和垂直跳跃。主要包括纵跳、障碍跳等。
交换跳	动作特点是表现为更快的水平速度和大幅度的跳跃动作，训练量通常以距离衡量，也可以重复跳跃次数衡量。此动作练习的距离一般超过30m。主要包括单腿和双腿的交换跳。
跳箱	动作特点是增加了多形式的单脚跳和双脚跳的训练强度，可用来跳上或跳下。跳箱的高度取决于运动员的体型、着陆面及训练计划的目标。主要包括单腿、双腿动作，交替动作等。
跳深	动作特点是站在跳箱上，迈下跳箱，着地后立即进行垂直跳、水平跳或跳上另一个箱子。此动作借助重力和自身重来增加训练的强度。跳箱的高度取决于运动员的体型、身高、着陆面及训练计划的目标。主要包括单腿和双腿的动作等。
多形式单脚跳和双脚跳	此动作包含重复动作，并且可以看作原地跳与立定跳的组合，如"之"字形跳等。

表 1-3　下肢快速伸缩复合训练跳跃类型

类别	动作名称	动作描述
跳跃方向	纵向	矢状面、水平面（二维运动）
	横向	额状面、水平面（二维运动）
	旋转	额状面、矢状面、水平面（三维运动）
跳跃形式	无反向式	动作特点是在收缩环节前肌肉无拉长动作。如在静态下蹲起跳中，练习者先蹲好（屈髋、屈膝90°），起跳时主动肌不体现为离心过程，提高肌肉收缩能力既不利用储存的弹性势能，也不利用牵张反射作用。
	有反向式	动作特点是在收缩环节前肌肉有拉长动作。如从站姿迅速下蹲起跳，即下蹲后立即起跳。此动作包括一个快速下蹲的离心阶段，紧接着是一个向心收缩的起跳。在下蹲阶段，人体的肌腱中储存了弹性势能，并刺激了牵张反射，因而可增强弹跳的爆发力。
	双接触式	动作特点是在拉长环节后有一次地面接触，紧接着是收缩环节，如垫步起跳或在助跑中起跳。其弹性势能的储存和牵拉放松法使得肌肉牵拉更为有效，进一步加快了离心阶段的收缩，使纵跳更有力、更高。

三、躯干快速伸缩复合训练

快速伸缩复合训练主要借助储存的弹性势能，通过牵张反射来提高肌肉的力量，同时，在拉长 — 收缩周期的离心阶段后，躯干快速伸缩复合训练中可能储存一些弹性势能。因此，针对躯干肌群进行快速伸缩复合训练往往很难。Kroll W等学者认为，诸多躯干快速伸缩复合训练中的牵张反射不足以增强肌肉力量。牵张反射的潜伏期在很大程度上受神经传导速度影响，也会随着脊髓与肌肉之间距离的增加而增加。Karst G M等学者研究发现，股四头肌和腓肠肌的牵张反射时间通常是20 — 30ms和30 — 45ms。

综上分析，在躯干快速伸缩复合训练中，动作练习必须时间更短、更快，这样才能更好地刺激牵张反射产生较大的肌肉能量。还可以通过减小动作幅度、缩短完成动作的时间来增强主动肌群的收缩力量，进而使动作模式更接近于快速伸缩复合训练。

参考文献：

[1]Dillman C J, Fleisig G S, Andrews J R. Biomechanics of Pitching with Emphasis upon Shoulder Kinematics[J]. J Orthop Sports Phys Ther, 1993(2).

[2]Newton R U, Murphy A J, Humphries B J, Wilson G J, Kraemer W J, Häkkinen K. Influence of Load and Stretch Shortening Cycle on the Kinematics, Kinetics and Muscle Activation That Occurs during Explosive Upper-body Movements[J]. Eur J Appl Physiol Occup Physiol, 1997(4).

[3]Kroll W. Patellar Reflex Time and Reflex Latency under Jendrassik and Crossed Extensor Facilitation[J]. Am J Phys Med, 1968(6).

[4]Karst G M, Willett G M. Onset Timing of Electromyographic Activity in the Vastus Medialis Oblique and Vastus Lateralis Musclesin Subjects with and without Patellofemoral Pain Syndrome[J]. Phys Ther, 1995(9).

[5]de Villarreal, Eduardo Saéz-Saez1, Kellis, Eleftherios, Kraemer, William J, Izquierdo, Mike. Determining Variables of Plyometric Training for Improving Vertical Jump Height Performance: A Meta-analysis[J]. Journal of Strength and Conditioning Research, 2009(2).

[6]Ramírez-Campillo, Rodrigo1, Andrade, David C, Izquierdo, Mike. Effects of Plyometric Training Volume and Training Surface on Explosive Strength[J]. Journal of Strength and Conditioning Research, 2013(10).

[7]Sáez de Villarreal, Eduardo, Requena, Bernardo, Cronin, John B. The Effects of Plyometric Training on Sprint Performance: a Meta-analysis[J]. Journal of Strength and Conditioning Research, 2012(2).

[8]Bedoya, Abigail A, Miltenberger, Matthew R, Lopez, Rebecca M.

Plyometric Training Effects on Athletic Performance in Youth Soccer Athletes: a Systematic Review[J]. Journal of Strength and Conditioning Research, 2015(8).

[9]Ramirez-Campillo R, Thapa R K, Afonso J, Perez-Castilla A, Bishop C, Byrne P J, Granacher U. Effects of Plyometric Jump Training on the Reactive Strength Index in Healthy Individuals Across the Lifespan: a Systematic Review with Meta-analysis[J]. Sports Med, 2023(5).

第四节　快速伸缩复合训练在不同情境中的应用

一、快速伸缩复合训练在体育教学中的应用

目前，快速伸缩复合训练在国内外已受到高度重视，在理论和实践方面被广泛而深入地研究，它的作用也得到了人们的普遍认可。在体育教学中，快速伸缩复合训练能很好地增强学生的下肢肌力，提高学生的加速跑和变向能力，也能更好地提高学生的身体素质。

（一）增强学生的下肢肌力

在体育教学中应用快速伸缩复合训练能够增强学生的下肢肌力，进而提高学生的弹跳能力，促进学生在不同的项目中形成爆发力。

有学者认为快速伸缩复合训练将深蹲跳、纵跳、跳深等不同类型的跳跃方式结合，每次跳跃50次以上，训练持续10周，可以很好地提高垂直纵跳高度和运动成绩。Sáez-Sáez de Villarreal E等学者提出不少于10周、超过15次的训练量，以及高强度的跳跃训练，且每次训练课的跳跃次数超过40，可以最大限度地提高运动成绩。为了强化力量训练效果，可将不同类型的力量训练与重量结合。通过1RM、等长MVC或慢速等速测

试，可以提高最大力量表现。Chen L等学者提出快速伸缩复合训练对青少年运动员的反向纵跳、深蹲跳、立定跳远、10m短跑和20m短跑都有显著的影响，可以显著增强青少年运动员下肢的爆发力。其中，跳跃高度的显著改善主要由神经适应引起，主要表现为下肢肌肉运动单位的激活增强（肌内协调）和肌肉间的协调改善，拮抗肌肉的协同激活减少。而对于不同年龄段的青少年运动员，早期跳跃表现的改善更为显著。因此，在青春期前进行快速伸缩复合训练是合理的。

综上所述，快速伸缩复合训练能够显著增强人体的下肢肌力和弹跳能力。进行快速伸缩复合训练不应少于10周，并且应将跳深、单脚跳、反向纵跳等多种动作模式结合，这样有助于学生掌握弹跳技术，从而更好地促进下肢肌肉力量的发展。

（二）提高学生的加速跑和变向能力

足球、橄榄球、羽毛球、曲棍球、网球等竞技体育项目往往需要运动员具备较高水平的加速跑能力，这可以使运动员在决定性时刻更好地获得主动权。例如，在球类比赛中，持续不到2s的加速跑或变向能力通常是运动员取胜的重要因素。无论在田径还是在其他竞技项目中，运动员都必须具备熟练的启动技术，以尽快进入最高频率的跑步阶段。影响跑步速度的运动学变量是步长和频率，以及触地和离地的时间。很多研究证实，快速伸缩复合训练可致使加速度变化，提高变向能力，使步长、触地和离地时间发生有益的变化。

Negra等对青少年足球运动员进行了为期12周、每周2次的快速伸缩复合训练，研究发现，运动员的启动和加速能力得到了明显提高。这种改善可能出于快速伸缩复合训练后肌肉的最大力量或爆发力的增强，运动员在起跑时便获得了更大的爆发力量，步幅也增大了。Fischetti F等总结，为了改善青少年运动员的跳跃和速度表现，快速伸缩复合训练的持续时间至少为6周。在速度提高方面，受过训练的人群比未受过训练的人群对各种训练刺激的反应更灵敏。Asadi A等分析得出，健康状况良好的练习者在进行了纵向快速伸缩复合训练后，变向能力得到了很大的改善，篮球运动员比其他运动员获得了更多的益处。此外，男性在纵向快速伸缩复合训练后获得的变向能力与女性相似。还总结出以中等强度进行持续7周（2次/周）、每次100次的跳跃训练，将休息间隔设为72h能更好地提高变向能力；同时，结合不同类型的快速伸缩复合训练（如反向跳跃+垂直纵跳+立定跳远）比运动形式单一的训练效果更好。Pardos-Mainer E等学者比较了力量训练和快速伸缩复合训练对女子足球运动员垂直跳跃、线性加速跑和方向改变表现的影响。研究表明，快速伸缩复合训练在改善女子足球运动员变向时间方面比力量训练更有效。增长的幅度的作用对力量训练来说微不足道，对快速伸缩复合训练来说却很大。变向能力的提高需要快速的发力、大腿肌肉的离心力量，以及腿部伸肌从离心动作快速切换到向心动作，而快速伸缩复合训练可以改善这些因素。

综上所述，快速伸缩复合训练是提高运动员起跑、加速跑和变向能力的有效手段，它与最大力量和爆发力的增强有关。同时，快速伸缩复合训练结合了垂直、水平和单侧跳跃，从而可以使变向能力得到提高，它的总训练时间应至少为6周。

（三）提高学生的身体素质

身体素质对任何竞技体育项目来说都是至关重要的，尤其在个人运动中，足够的爆发力、最大力量、加速、减速、改变方向、耐力等是影响运动员表现的潜在关键因素。快速伸缩复合训练是提高学生身体素质的常用方法，它涉及肌肉、肌腱缓慢拉长—缩短周期和快速拉长—缩短周期。慢速和快速拉长—缩短过程中弹性势能的积累有助于在后续运动中产生更大的能量。

Ramirez Campillo R等学者表明，无论年龄和性别如何，快速伸缩复合训练都能增加排球运动员的纵跳高度。而游泳运动员跳跃动作训练的起始年龄相对低，因而他们的提升幅度更大，经过快速伸缩复合训练，此类动作的质量会得到显著改善。拉长—缩短周期性能一旦提高，肌肉在快速离心收缩转化为向心收缩阶段会产生更大的力，这是提升短跑能力的关键。此外，快速伸缩复合训练后神经力学特性的改善会增强地面反作用力，进而有助于提高起跑和加速跑能力。Barnes、Kilding、Blagrove等认为，快速伸缩复合训练不一定引起有氧耐力，如最大摄氧量和乳酸阈值的显著增加，但Assuncao等已证实可以改善与耐力表现相关的无氧耐力。

综上所述，在体育教学中，快速伸缩复合训练通过增强拉长—缩短周期中神经和肌肉的适应性来提高学生的身体素质，进而促进学生在体育运动中身体对动作的控制能力和应变能力。

二、快速伸缩复合训练在运动训练中的应用

快速伸缩复合训练已成为竞技运动员训练计划中常见的要素，它更具动态性，通常采用快速、有力的动作，包括跳跃和其他与专项运动相关的动作，也涉及爆发力训练。在运动训练中，快速伸缩复合训练受到了教练员的广泛认可，在各个竞技项目中也被广泛应用。很多研究表明，一些有针对性的快速伸缩复合训练对运动员的技术、技能和运动成绩有着积极的影响。

（一）改善运动员的技术和技能

很多竞技体育比赛的结果会受参与者技术和技能水平的显著影响，而快速伸缩复合训练可以改善身体在运动中的各种表现，提高运动员的技术和技能。例如，在网球运动中，发球被认为是最关键的技术和技能，因为它可以帮助运动员在获得每一分的过程中保持优势，甚至可以确保直接获胜。快速伸缩复合训练还包括各种跳跃、投掷等练习，这些练习是包含在大多数体育运动，如跳高、挥拍、投球、踢腿等之中的。在体育教学中，快速伸缩复合训练对不同运动项目的技术和技能也有着不同的积极影响。

1. 快速伸缩复合训练对投掷速度的影响

在手球、棒球、网球等运动的投或挥的动作中，Singla D等总结了上

肢快速伸缩复合训练在改善投球距离和速度方面的作用。通过实心球和复合式俯卧撑训练来增强运动员上肢肌肉的力量，特别是肩部肌肉，以及躯干和髋部肌肉的旋转力量，可以对提高球速产生很好的效果。Carter A B 等研究了为期8周的大负荷上肢快速伸缩复合训练（每周2次）对24名一级大学棒球运动员等速力量和投掷速度的影响，得出，弹跳训练可以通过改善运动功能表现和加强肩袖的肌肉组织成为棒球运动员休赛期体能的有益补充，从而提高棒球运动员的投掷速度。Guadie W T发现快速伸缩复合训练提高了手球运动员在射门准确性、速度和运球突破方面的技术和技能表现。此外，在网球运动中，发球表现为投掷动作，教练经常以投掷技巧训练来提高运动员的发球水平。Hayes M J、Colomar J等学者表明，在提高发球表现水平方面，模仿拉长—缩短周期投掷动作的练习比等速练习更有效。Baiget E等认为，上体的快速伸缩复合训练对提高发球表现有效，因为它们涉及多种身体结构，并且可以在短时间内产生更大的力，这对于快速发球至关重要。

2. 快速伸缩复合训练对踢球速度和距离的影响

踢球在足球运动中至关重要，快速伸缩复合训练可以帮助足球运动员提高在踢球速度、距离方面技术和技能的表现。Rodríguez Lorenzo L、Tessitore A等学者认为踢球动作的有效性取决于多种因素，例如肌肉的最大力量、神经系统和肌肉之间的协调性，以及脚踝的踢腿中线性和角度变化的速度。Markovic G等学者指出快速伸缩复合训练之于垂直跳跃能力的益处可能积极转移到特定的运动表现之中，在踢球能力中获得的增益可能源于快速伸缩复合训练中相关的神经、肌肉对下肢力量和力量增加的适应。而Campo S S、Sedano S等指出为期6周的快速伸缩复合训练不能提高足球运动员的踢球速度。快速伸缩复合训练可能导致更高的球速，因为从更近的距离到更远的距离，能量传递会增强。因此，运动员可能需要留出足够的时间，让爆发力的增强转化为运动学因素，最终使踢球速度显著提高。这一结果也表明，进行持续6周以上的快速伸缩复合训练，才可能增强足球运动员的爆发力。更重要的是，在球速方面，这些增强的因素可以转移到踢球中。此外，这些神经肌肉适应可能影响踢球动作的生物力学因素，如脚趾、脚踝、膝盖和臀部在触球时的最大线性速度，从而成就最佳的踢球速度，甚至最远的踢球距离。

3. 快速伸缩复合训练对运球速度的影响

Branquinho L 等学者认为，在足球、篮球等项目中，运动员都要具备较为出色的运球技术，这些能力对突破严密防守的进攻球员来说尤其有利。优秀的篮球、手球和足球运动员经过快速伸缩复合训练，运球速度会适度提高。这种改善可归因于训练后肌肉间协调性、速度和运动精度的提高。与其他运动相比，快速伸缩复合训练对篮球项目产生的影响更为具体。篮球项目涉及水平和横向跑动，以及对方球员之间快速的传球动作。进行快速伸缩复合训练有利于促进方向的改变，有利于运球速度的提高。此外，Apostolidis N 和 Emmanouil Z 发现，握力是篮球运动员运球速度的预测指标。

综上所述，快速伸缩复合训练可以有效提高成年运动员的技术水平，使之在踢球速度和距离（如足球）、投掷速度（如手球、棒球、水球、网球等）和运球速度（如足球、手球、篮球等）方面都有显著的改善。

（二）提高运动员的运动成绩

体育成绩通常体现为身体素质、技术、战术和心理素质的综合作用，在这些因素中，技术、技能与运动成绩存在明显的相关性。很多研究表明，快速伸缩复合训练可以有效地提高成年运动员的运动表现力，促进运动成绩的提高。

Bogdanis G C 等学者认为，在跳远项目中，进行简单的快速伸缩复合训练就可以产生PAP效应。在跳远训练中，可在跳远前3min进行3次最大限度的反向垂直纵跳，促进PAP效应的产生，以最大限度地提高跳远成绩。但这种跳远成绩的提高是垂直起跳速度的逐渐增加引起的，水平速度不受训练的影响。Arabatzi F 等学者比较了奥运会举重训练、快速伸缩复合训练，以及举重与快速伸缩复合的组合训练，发现三者都能提高垂直纵跳的能力。但是，奥运会举重训练可能更适合在训练赛季的赛前阶段提高垂直纵跳能力和肌肉力量；当比赛期临近，应加强快速伸缩复合训练；从赛前到比赛期的过渡阶段，可采用举重与快速伸缩复合组合的训练。DiStefano L J等学者已经证明，对于青年足球运动员，使用由静态灵活性、平衡性、力量性、敏捷性和快速伸缩复合训练组成的传统动作模式可以增加垂直跳跃的高度。Saunders P U等学者发现，在跑步项目中，为期9周、每周3次、每次30min的快速伸缩复合训练（连续直腿跳、深蹲跳、单脚跳、双腿跨栏跳等）能够显著提高优秀的跑步运动员的跑步竞技性。Chelly M S等学者发现，在青少年男子足球项目中，实施为期8周的下肢快速伸缩复合训练（跨栏跳和跳深）可以提高运动员腿部的峰值功率输出、跳跃高度、冲刺速度，增加下肢肌肉体积。而在青少年男子田径项目中，经过为期10周的下肢快速伸缩复合训练（跨栏跳和跳深），发现运动员大腿肌肉的体积有了显著的增加，但腿部肌肉量、大腿横截面积和峰值功率输出保持不变。因而他们总结，与年轻跑步者的标准赛季训练相比，快速伸缩复合训练是改善运动表现的重要因素。同时，在青少年男子手球项目中，该学者以为期8周的下肢和上肢快速伸缩复合训练代替优秀的青少年手球运动员的部分训练内容，每2周在正常的训练内容中引入一次快速伸缩复合训练。研究发现，快速伸缩复合训练对改善手球运动员运动表现具有重要的作用，特别体现在冲刺、跳跃、投球等爆发性动作方面。Kotzamanidis C等学者对11名处于青春前期的男孩开展了为期15周的快速伸缩复合训练，并且与10名仅在小学接受体育课程的男孩作对比，研究发现，快速伸缩复合训练可以提高青春前期男孩的跑步速度和垂直纵跳能力。该方式能够选择性地影响最大速度阶段，但不影响加速度阶段。而仅接受小学体育课程的10名男孩的跑步速度和垂直纵跳能力均未发生变化。Potdevin F J等学者对青春期游泳运动员进行研究发现，在游泳训练前进行为期6周、每周2次的快速伸缩复合训练（包括横向跳、侧向跳和纵跳）对特定的游泳专项动作（如跳水或转身）有积极影响，但对踢腿、推进没有积极影响。

通过国外的相关研究可以看出，快速伸缩复合训练在不同项目的运动训练中已经得到了广泛应用，成为竞技体育训练中不可或缺的重要部分。在运动训练中，还要结合不同的竞技运动项目合理选择专项快速伸缩复合训练方法，有针对性地提高专项动作模式，进而提高专项运动成绩，同时预防运动损伤。

三、快速伸缩复合训练在工作和生活中的应用

身体健康是日常生活、工作和进行相关活动的重要因素。充分的证据表明，快速伸缩复合训练在改善身体状况、预防某些类型的疾病、提升运动表现方面都有着积极的作用。

（一）改善身体状况

Ramirez Campillo R等进行过一项为期8周的单盲随机对照试验，以比较不同强度的快速伸缩复合训练对健康成年人身体状况的影响。研究表明，实施中等强度的快速伸缩复合训练对反向纵跳高度、摆臂高度、20cm跳箱跳跃高度等均有显著影响，对身体健康的增益表现得更加明显，但高强度训练和中等强度训练产生的影响差别不大。Nobre、Gabriela G等研究为期12周的快速伸缩复合训练对40名9—31岁超重/肥胖男性运动表现的影响，每周2次（周二和周四），每次20min，并且在几周内逐渐增加强度，包括低强度运动（横向跳跃）、中等强度运动（深蹲跳）和高强度跳跃（增加高度）。研究表明，快速伸缩复合训练改善了握力、伸展度、敏捷性等与身体健康相关的情况，并且使协调能力得到了提高。同样，Almeida M B等探究快速伸缩复合训练（为期12周，每周2次，每次20min）对116名7—9岁男孩身体健康情况和运动协调性的影响，并将他们分为快速伸缩复合训练组（PT，n=73）和对照组（CG，n=43），对照

组保持正常的日常活动。结果表明，12周的快速伸缩复合训练可以提高运动协调性，并且能够改善身体健康相关情况。

（二）提升运动表现

随着年龄的增长，肌肉质量、肌肉力量和力量的产生逐渐下降，与最大力量或肌肉质量相比，这种下降在力量和快速力量产生方面表现得更为明显。拥有产生最大力量的能力，个人能够在日常活动中表现得更好，如从椅子上站起来、上楼梯等。Van Roie E等将40名男性（69.5±3.9岁）随机分配到12周的快速伸缩复合训练组或传统阻力训练组，研究发现，快速伸缩复合训练组在跳跃高度、跳跃力量、跳跃收缩时间、上楼梯等方面有更大的改善。还有研究表明，长期快速伸缩复合训练（每周3—5次，持续5—12个月）是增加青春前期和青春期早期儿童、年轻女性和绝经前女性骨量的有效训练方法。此外，短期快速伸缩复合训练（每周2—3次，持续6—15周）可以改变运动员和非运动员足底屈肌肌肉、肌腱复合体的各种弹性成分的硬度。短期快速伸缩复合训练还可以改善人体的下肢力量、肌肉功能等。可以说，快速伸缩复合训练为身体带来的益处能够提升我们在工作、生活和体育活动中的表现。

综上所述，快速伸缩复合训练对身体健康的不同组成部分有着重要的影响，它的应用使人们在运动中形成了正确的动作模式，提高了身体健康水平，不仅提高了工作质量，还丰富了日常生活，进而起到了预防疾病的作用。

四、快速伸缩复合训练在游戏中的应用

（一）游戏方式

快速伸缩复合游戏是一系列需要练习者对指定动作做出正确练习、动作形式不断变换的游戏。这一系列游戏需要参与者手、足、眼等多个身体部位协同完成任务，一系列的组合游戏能够提高练习者的神经对肌肉的控

制力、平衡能力、协调能力、身体素质等。

快速伸缩复合游戏的形式较为广泛，从易到难、从无器械到有器械都有涉及。例如接力冲刺跑表现为在10—15m的规定场地内将练习者平均分为人数相等的2—4组，按要求依次完成不同距离的单双脚跳，冲刺到终点后返回起点，依次进行接力，用时最短的小组获胜。障碍跳跳跑表现为在15—20m的规定场地内摆放不同的障碍（如绳梯或不同高度的小栏架），按要求采用不同形式的跑跳，依次完成不同距离的各项练习，用时最短者获胜。

（二）游戏益处

1. 提高神经对肌肉的控制力

快速伸缩复合游戏以安排垂直纵跳、180°单脚跳、360°跳深等多种难度较高的练习内容的方式使练习者在游戏过程中改变肌肉激活的时间顺序，提高其神经传导速度、肌肉神经支配的频率，以及在整个过程中保持肌肉募集和快速收缩的能力，从而促进上、下肢能量的传递，提高运动中的表现力。

2. 增强下肢的爆发力

竞技体育和娱乐活动通常需要结合力量和速度的运动来生成被称为"速度力量"的副产品。快速伸缩复合游戏通常采用单脚和双脚跳跃、横向和纵向跳跃、跳深等各种不同形式的练习内容，练习者可以在游戏中增强下肢肌肉力量和爆发力，提高跳跃高度，进而在运动中获得更好的表现。

3. 提高加速和变向能力

冲刺速度对于强调快速爆发力或反复改变方向的运动至关重要。快速伸缩复合游戏通过设计单脚和双脚、横向和纵向等不同形式的跳跃来训练参与者在游戏过程中的应变能力，通过设计不同距离、不同高度的跳深游戏来强化参与者在游戏中的冲刺和反应能力。

4. 发展平衡协调能力

身体平衡是保证日常生活和娱乐活动的基本技能。快速伸缩复合游戏通过设计单脚跳、横向或纵向组合单脚跳、360°反向跳深等练习内容来培养参与者在游戏过程中神经对肌肉的控制，强化正确的动作模式，进而促进身体的平衡、协调能力的发展。

（三）适用对象

快速伸缩复合训练在游戏中的应用适合各个年龄段的人群进行锻炼。例如，儿童可以通过参与快速伸缩复合游戏增强身体协调能力，提高运动表现；青年和成年人可以通过参与快速伸缩复合游戏提高身体素质，改善运动中的技术和技能；老年人可以通过参与快速伸缩复合游戏维持身体平衡能力和协调能力，改善身体状况，缓解压力，降低疾病发生的风险。

参考文献：

[1]Bogdanis G C, Tsoukos A, Veligekas P. Improvement of Long-jump Performance during Competition Using a Plyometric Exercise[J]. Int J Sports Physiol Perform, 2017(2).

[2]de Villarreal E S, Kellis E, Kraemer W J, Izquierdo M. Determining Variables of Plyometric Training for Improving Vertical Jump Height Performance: a Meta-analysis[J]. J Strength Cond Res, 2009(2).

[3]Sáez-Sáez de Villarreal E, Requena B, Newton R U. Does Plyometric Training Improve Strength Performance? a Meta-analysis[J]. J Sci Med Sport, 2010(5).

[4]Chen L, Zhang Z, Huang Z, Yang Q, Gao C, Ji H, Sun J, Li D. Meta-analysis of the Effects of Plyometric Training on Lower Limb Explosive Strength in Adolescent Athletes[J]. Int J Environ Res Public Health, 2023(3).

[5]Negra Y, Chaabene H, Stöggl T, Hammami M, Chelly M S, Hachana Y. Effectiveness and Time-course Adaptation of Resistance Training Vs Plyometric Training in Prepubertal Soccer Players[J]. J Sport Health Sci, 2020(9).

[6]Fischetti F, Vilardi A, Cataldi S, Greco G. Effects of Plyometric

Training Program on Speed and Explosive Strength of Lower Limbs in Young Athletes[J]. J Phys Educ Sport, 2018(18).

[7]Asadi A, Arazi H, Young W B, Sáez de Villarreal E. The Effects of Plyometric Training on Change-of-direction Ability: a Meta-analysis[J]. Int J Sports Physiol Perform, 2016(5).

[8]Pardos-Mainer E, Lozano D, Torrontegui-Duarte M, Cartón-Llorente A, Roso-Moliner A. Effects of Strength Vs Plyometric Training Programs on Vertical Jumping, Linear Sprint and Change of Direction Speed Performance in Female Soccer Players: a Systematic Review and Meta-analysis[J]. Int J Environ Res Public Health, 2021(2).

[9]Ramirez-Campillo R, Andrade D C, Nikolaidis P T, Moran J, Clemente F M, Chaabene H, Comfort P. Effects of Plyometric Jump Training on Vertical Jump Height of Volleyball Players: a Systematic Review with Meta-analysis of Randomized-controlled Trial[J]. J Sports Sci Med, 2020(3).

[10] Komi, P V, Gollhofer, et al. Stretch Reflexes Can Have an Important Role in Force Enhancement during SSC Exercise[J]. Journal of Applied Biomechanics.

[11]Markovic, Mikulic, Markovic G, Mikulic P. Neuro-musculoskeletal and Performance Adaptations to Lower-extremity Plyometric Training[J]. Sports Medicine, 2010(10).

[12]Radnor, Radnor J M, Oliver J L, Waugh C M, Myer G D, Moore I S, Lloyd R S. The Influence of Growth and Maturation on Stretch-shortening Cycle Function in Youth[J]. Sports Medicine, 2017(1).

[13]Bishop, Girard, Bishop D J, Girard O. Determinants of Team-sport Performance: Implications for Altitude Training by Team-sport Athletes[J]. British Journal of Sports Medicine, 2013: 47(1 Suppl).

[14]Lockie, Lockie R G, Murphy A J, Callaghan S J, Jeffriess M D, et

al. Effects of Sprint and Plyometrics Training on Field Sport Acceleration Technique [J]. Journal of Strength and Conditioning Research, 2014(7).

[15]Barnes, Kilding, Barnes K R, Kilding A E. Strategies to Improve Running Economy[J]. Sports Medicine, 2015(1).

[16]Blagrove, Howatson, Hayes, Blagrove R C, Howatson G, Hayes P R. Effects of Strength Training on the Physiological Determinants of Middle-and-long-distance Running Performance: a Systematic Review[J]. Sports Medicine, 2017(5).

[17]Assuncao, Assuncao A R, Bottaro M, Cardoso E A, Ferraz M, Vieira C A, Gentil P, et al. Effects of a Low-volume Plyometric Training in Anaerobic Performance of Adolescent Athletes[J]. Journal of Sports Medicine and Physical Fitness, 2017 (5).

[18]Singla D, Hussain M E, Moiz J A. Effect of Upper Body Plyometric Training on Physical Performance in Healthy Individuals: a Systematic Review[J]. Physical Therapy in Sport, 2018(29).

[19]Carter A B, Kaminski T W, Douex A T J R, Knight C A, Richards J G. Effects of High Volume Upper Extremity Plyometric Training on Throwing Velocity and Functional Strength Ratios of the Shoulder Rotators in Collegiate Baseball Players[J]. J Strength Cond Res, 2007(1).

[20]Guadie W T. Effects of Plyometric Training on Technical Skill Performance of Handball Team Players at Debre Markos Town[J]. International Journal of Sports Science and Physical Education, 2021(6).

[21]Reid M, Giblin G, Whiteside D. A Kinematic Comparison of the Overhand Throw and Tennis Serve in Tennis Players: How Similar Are They Really?[J]. Journal of Sports Sciences, 2015(33).

[22]Hayes M J, Spits D R, Watts D G, Kelly V G. The Relationship between Tennis Serve Velocity and Select Performance Measures[J]. The

Journal of Strength & Conditioning Research, 2021(35).

[23]Colomar J, Corbi F, Baiget E. Improving Tennis Serve Velocity: Review of Training Methods and Recommendations[J]. Strength & Conditioning Journal, 2022(10).

[24]Baiget E, Colomar J, Corbi F. Upper-limb Force-time Characteristics Determine Serve Velocity in Competition Tennis Players[J]. International Journal of Sports Physiology and Performance, 2022(17).

[25]Rodríguez-Lorenzo L, Fernandez-Del-Olmo M, Sanchez-Molina J A, Martín-Acero R. Role of Vertical Jumps and Anthropometric Variables in Maximal Kicking Ball Velocities in Elite Soccer Players[J]. Journal of Human Kinetics, 2016(53).

[26]Tessitore A, Perroni F, Cortis C, Meeusen R, Lupo C, Capranica L. Coordination of Soccer Players during Preseason Training[J]. The Journal of Strength & Conditioning Research, 2011(25).

[27]Nunome H, Ikegami Y, Kozakai R, Apriantono T, Sano S. Segmental Dynamics of Soccer Instep Kicking with the Preferred and Non-preferred Leg[J]. Journal of Sports Sciences, 2006(24).

[28]Markovic G. Does Plyometric Training Improve Vertical Jump Height? a Meta-analytical Review[J]. British Journal of Sports Medicine, 2007(41).

[29]Campo S S, Vaeyens R, Philippaerts R M, Redondo J C, de Benito A M, Cuadrado G. Effects of Lower-limb Plyometric Training on Body Composition, Explosive Strength and Kicking Speed in Female Soccer Players[J]. The Journal of Strength & Conditioning Research, 2009(23).

[30]Sedano S, Matheu A, Redondo J C, Cuadrado G. Effects of Plyometric Training on Explosive Strength, Acceleration Capacity and Kicking Speed in Young Elite Soccer Players[J]. Journal of Sports Medicine and Physical Fitness, 2011(51).

[31]Lees A, Asai T, Andersen T B, Nunome H, Sterzing T. The Biomechanics of Kicking in Soccer: a Review[J]. Journal of Sports Sciences, 2010(28).

[32]Branquinho L, Ferraz R, Mendes P D, Petricia J, Serrano J, Marques M C. The Effect of an in-season 8-week Plyometric Training Programme Followed by a Detraining Period on Explosive Skills in Competitive Junior Soccer Players[J]. Montenegrin Journal of Sports Science and Medicine, 2020(9).

[33]Asadi A, Arazi H, Young W B, de Villarreal, E S. The Effects of Plyometric Training on Change-of-direction Ability: a Meta-analysis[J]. International Journal of Sports Physiology and Performance, 2016(11).

[34]Escamilla R F, Ionno M, de Mahy M S, Fleisig G S, Wilk K E, Yamashiro K, Mikla T, Paulos L, Andrews J. Comparison of Three Baseball-specific 6-week Training Programs on Throwing Velocity in High School Baseball Players[J]. The Journal of Strength & Conditioning Research, 2012(26).

[35]Guadie W T. Effects of Plyometric Training on Technical Skill Performance of Handball Team Playersat Debre Markos Town[J]. International Journal of Sports Science and Physical Education, 2021(6).

[36]Houglum P A. Therapeutic Exercise for Musculoskeletal Injuries 4th Edition[J]. Champaign, I L: Human Kinetics, 2016.

[37]Daulay B, Azmi F. Coordination and Agility: How is the Correlation in Improving Soccer Dribbling Skills?[J]. Journal Sport Area, 2021(6).

[38]Apostolidis N, Emmanouil Z. The Influence of the Anthropometric Characteristics and Handgrip Strength on the Technical Skills of Young Basketball Players[J]. Journal of Physical Education and Sport, 2015(15).

[39]Arabatzi F, Kellis E, Saèz-Saez de Villarreal E. Vertical Jump Biomechanics after Plyometric, Weight Lifting and Combined(Weight

Lifting+Plyometric) Training[J]. J Strength Cond Res, 2010(9).

[40]DiStefano L J, Padua D A, Blackburn J T, Garrett W E, Guskiewicz K M, Marshall S W. Integrated Injury Prevention Program Improves Balance and Vertical Jump Height in Children[J]. J Strength Cond Res, 2010(2).

[41]Saunders P U, Telford R D, Pyne D B, Peltola E M, Cunningham R B, Gore C J, Hawley J A. Short-term Plyometric Training Improves Running Economy in Highly Trained Middle and Long Distance Runners[J]. J Strength Cond Res, 2006(4).

[42]Chelly M S, Ghenem M A, Abid K, Hermassi S, Tabka Z, Shephard R J. Effects of in-season Short-term Plyometric Training Program on Leg Power, Jump and Sprint Performance of Soccer Players[J]. J Strength Cond Res, 2010(10).

[43]Chelly M S, Hermassi S, Shephard R J. Effects of in-season Short-term Plyometric Training Program on Sprint and Jump Performance of Young Male Track Athletes[J]. J Strength Cond Res, 2015(8).

[44]Chelly M S, Hermassi S, Aouadi R, Shephard R J. Effects of 8-week in-season Plyometric Training on Upper and Lower Limb Performance of Elite Adolescent Handball Players[J]. J Strength Cond Res, 2014(5).

[45]Kotzamanidis C. Effect of Plyometric Training on Running Performance and Vertical Jumping in Prepubertal Boys[J]. J Strength Cond Res, 2006(2).

[46]Potdevin F J, Alberty M E, Chevutschi A, Pelayo P, Sidney M C. Effects of a 6-week Plyometric Training Program on Performances in Pubescent Swimmers[J]. J Strength Cond Res, 2011(1).

[47]Ramirez-Campillo R, Moran J, Drury B, Williams M, Keogh J W, Chaabene H, Granacher U. Effects of Equal Volume But Different Plyometric Jump Training Intensities on Components of Physical Fitness in Physically

Active Young Males[J]. J Strength Cond Res, 2021(7).

[48]Nobre, Gabriela G, de Almeida, Marcelus B, Nobre, Isabele G, dos Santos, Fernanda K, Brinco, Raphael A, Arruda-Lima, Thalison R, de-Vasconcelos, Kenya L, de-Lima, Jociellen G, Borba-Neto, Manoel E, Damasceno-Rodrigues, Emmanuel M, Santos-Silva, Steve M, Leandro, Carol G, Moura-dos-Santos, Marcos A. Twelve Weeks of Plyometric Training Improves Motor Performance of 7-to-9-year-old Boys Who Were Overweight/Obese: a Randomized Controlled Intervention[J]. Journal of Strength and Conditioning Research, 2017(8).

[49]Almeida M B, Leandro C G, Queiroz D D R, José-da-Silva M, Pessôa dos Prazeres T M, Pereira G M, das-Neves G S, Carneiro C, Figueredo-Alves A D, Nakamura F Y, Henrique R D S, Moura-dos-Santos M A. Plyometric Training Increases Gross Motor Coordination and Associated Components of Physical Fitness in Children[J]. Eur J Sport Sci, 2021(9).

[50]Van Roie E, Walker S, Van Driessche S, Delabastita T, Vanwanseele B, Delecluse C. An Age-adapted Plyometric Exercise Program Improves Dynamic Strength, Jump Performance and Functional Capacity in Older Men Either Similarly or More than Traditional Resistance Training[J]. PLOS One, 2020(8).

[51]Markovic G, Mikulic P. Neuro-musculoskeletal and Performance Adaptations to Lower-extremity Plyometric Training[J]. Sports Med, 2010(10).

[52]Chmielewski T L, Myer G D, Kauffman D, et al. Plyometric Exercise in the Rehabilitation of Athletes: Physiological Responses and Clinical Application[J]. J Orthop Sports Phys Ther, 2006(5).

[53]Hill J, Leiszler M. Review and Role of Plyometrics and Core Rehabilitation in Competitive Sport[J]. Curr Sports Med Rep, 2011(6).

[54]Ramachandran A K, Singh U, Ramirez-Campillo R, Clemente F M, Afonso J, Granacher U. Effects of Plyometric Jump Training on Balance

Performance in Healthy Participants: a Systematic Review with Meta-analysis[J]. Front Physiol, 2021(12).

[55]Makhlouf I, Chaouachi A, Chaouachi M, Ben Othman A, Granacher U, Behm D G. Combination of Agility and Plyometric Training Provides Similar Training Benefits as Combined Balance and Plyometric Training in Young Soccer Players[J]. Front Physiol, 2018(9).

[56]Negra Y, Chaabene H, Sammoud S, Bouguezzi R, Mkaouer B, Hachana Y, Granacher U. Effects of Plyometric Training on Components of Physical Fitness in Prepuberal Male Soccer Athletes: the Role of Surface Instability[J]. J Strength Cond Res, 2017(12).

[57]Asadi A, Arazi H, Young W B, Sáez de Villarreal E. The Effects of Plyometric Training on Change-of-direction Ability: a Meta-analysis[J]. Int J Sports Physiol Perform, 2016(5).

[58]Ramirez-Campillo R, Andrade D C, Nikolaidis P T, Moran J, Clemente F M, Chaabene H, Comfort P. Effects of Plyometric Jump Training on Vertical Jump Height of Volleyball Players: a Systematic Review with Meta-analysis of Randomized-controlled Trial[J]. J Sports Sci Med, 2020(3).

实践篇

第二章　篮球项目的快速伸缩复合训练方法

第一节　篮球运动的项目特征

篮球是一项集体性体育活动，它包括运球、传球、投篮、进攻、防守等技术动作，结合了大量的高强度运动，如跑步、启动、加速、跳跃和着地，其间穿插着频繁而突然的方向变化、减速和停止。篮球项目需要运动员将上、下肢力量与改变方向的能力结合，以在奔跑或跳跃中获得主动权，并且先于对手控制住球。此外，竞赛规则的严格性、空间的有限性和时间的紧迫性要求运动员必须具备较强的平衡能力来控制身体姿势，且在跳跃、转身、改变方向和与对手对抗时保持平衡。同时，身体姿势控制是运动技能的重要组成部分，拥有该项能力，不易导致跌倒或受伤。

一、篮球运动快速伸缩复合训练的需求

篮球项目需要运动员在防守和进攻的情况下反复进行跳跃、直线冲刺、加速、减速、改变方向等，良好的身体平衡、灵敏性，较强的上、下肢力量是篮球运动员在比赛中充分应对各种方向变换，加、减速，并高质量完成动作的关键因素。大多数研究表明，快速伸缩复合训练包括单、双脚跳，交换跳，跳深等练习形式，不仅涉及个人重心在垂直和水平方向上

的变换，还涉及多个关节的参与。这种训练非常适合提高垂直跳跃高度、移动速度、反向跳跃高度、敏捷性、平衡能力等。

二、不同位置的训练特征

篮球场一般分为五个位置：在1号位的是控球后卫，主要负责球队的组织工作；在2号位的是得分后卫，主要负责球队的进攻工作；在3号位的是小前锋，是球队的第一得分者；在4号位的是大前锋，负责球队的篮板球拼抢、锋线防守及卡位；在5号位的是中锋，主要负责禁区的进攻和防守。（见图2-1）

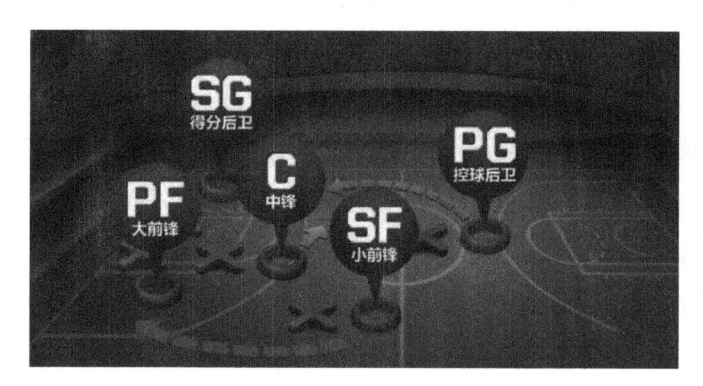

图 2-1　篮球场位置划分[①]

研究表明，篮球比赛位置分工的存在和技战术特点的不同使得不同位置的运动员的体能特征也存在差异，这也意味着针对不同位置的运动员的体能训练也应有所区别。从中锋的主要攻防区域和技术运用特点来看，中锋需要具备短距离移动、连续起跳的爆发力，在强对抗中完成技术和战术配合的能力，甚至参与快攻和快速防守的速度能力等，因此，针对中锋的

---

① Dolci, Hart, N H, Kilding, A E, Chivers, Piggott, Spiteri, et al. Physical and Energetic Demand of Soccer: a Brief Review[J]. Strength & Conditioning Journal, 2020(3).

体能训练应以提高对抗性力量为主,突出大肌群训练。有研究表明,世界高水平中锋球员一场比赛平均要跳跃100次以上,跑动5500m左右,这对于身材高大的运动员的下肢力量、身体供能水平及神经的耐受力是一个巨大的考验。从当前世界高水平中锋的身体形态可以看到,他们基本上具备宽阔的肩膀,发达的肩部、背部、臀部肌群等身体形态特征。针对前锋的体能训练需重点提高他们在10m左右距离之内反复快速奔跑、变向、变速、急停、弹跳等能力,因此,针对前锋的体能训练应以提高短距离速度、增强爆发力为主,同时注重小肌群训练。后卫的身高一般低于前锋和中锋,他们在身体机能和运动能力方面则要有迅捷的应变能力,强劲的爆发力,频繁的短距离加速、变向、急停等能力。而且后卫是篮球场上的灵魂人物,不仅要具备全面的攻防技战术能力,还要具备卓越的组织和指挥能力。在一场比赛中,与前锋、中锋相比,后卫活动范围大,移动距离最远,变速、变向移动频次高,因此应在提高快速反应能力和协调能力的基础上加强爆发性速度力量训练。池健等研究表明,优秀的进攻后卫与对手在实力相当的比赛中打满全场大约要跑动6400m,最高跑动速度达到8m/s。Ben Abdelkrim等研究表明,运动员平均每1.7s就有一次移动,全体运动员平均移动1050±51次,而后卫可达到1103±32次。

三、篮球运动快速伸缩复合训练的应用

快速伸缩复合训练作为增强篮球运动员力量,提高其速度、灵敏和平衡能力的有效手段,已经得到了广泛应用,甚至被认为比其他训练方法(如传统的抗阻训练)好。

Cherni Y等通过为期8周的快速伸缩复合训练提高了国家级女子篮球运动员改变方向和控制姿势的能力。Arazi H等观察到未受过训练的女性经过了快速伸缩复合训练,改变方向的能力得到了增强。Miller M G等发现经过快速伸缩复合训练,伊利诺伊敏捷性测试分数有所提高(9名男性

和5名女性）。Singh Bal B等发现男性篮球运动员（18—24岁）在进行了为期6周的快速伸缩复合训练（每周2次）后敏捷性增强。Asadi A和Arazi H提出年轻的男性篮球运动员在经过2周的快速伸缩复合训练后，T型灵敏测试的时间减少了20%。Myer G D等对青春期女性运动员进行了每周3次的快速伸缩复合训练，每次持续约90min，通过赛季前为期8周的快速伸缩复合训练，提高了她们的平衡能力。Ramirez Campillo R等研究表明，经过快速伸缩复合训练，篮球运动员在垂直纵跳高度（ES=1.24）、无手臂摆动（ES=0.88）、深蹲跳跃高度（ES=0.80）、下落跳跃高度（ES=0.53）和水平跳跃距离（ES=0.65）方面的情况有了显著的改善。同时，Taube W等认为，与年轻运动员（≤17.15岁，ES=0.10）相比，年龄较大的篮球运动员（>17.15岁，ES=2.11）在水平跳跃距离、线性冲刺速度和方向变化方面有更大的改善。

综上所述，快速伸缩复合训练在篮球项目中的应用得到了教练和运动员的认可，不仅能提高垂直纵跳高度、冲刺速度、敏捷性，还能提高快速变向和平衡能力。

第二节　篮球项目的技术动作特征

一、篮球技术

篮球技术是完成比赛任务动作方法的总称，它包括移动动作（如跑、跳、急停、转身等无球动作方法）、支配球动作（如传接球、运球、投篮等有球动作方法）、争夺球动作，以及在攻守对抗中技术动作技巧的运用。篮球技术是运动员比赛行为的核心，运动员的智慧、技能、运动素质、心理品质和道德作风都是通过篮球技术集中表现出来的。

篮球技术动作组合由两个以上单个的技术动作组合而成，可根据比赛攻守对抗的规律设计出多种多样的技术动作组合形式。运动员掌握的组合动作方式越多，就越能在进攻对抗条件下随机应变、灵活运用。组合技术动作是攻守对抗的基础，通过技术动作组合训练达到技术动作之间的衔接连贯、快速、有实效，是每个从事篮球运动的人必经的历程。

二、篮球技术的主要特征

（一）动态与对抗有机结合

篮球运动本身体现的是一个攻守对抗的动态过程，要求在对抗中快速、准确、多变、有实效，表现出在争取时间、空间主动权上的合理性和创造性。

（二）身体动作与控制支配球有机结合

篮球技术表现为用手直接控制并支配球，在全身的协调配合下完成各种专门动作。身体动作与控制、支配球融为一体，才能显示出篮球技术的魅力。

（三）技术动作的相对稳定与随机应变有机结合

篮球技术有相对稳定、规范的动作环节，同时也表现为根据对手的变化做出相应的反应，随机创造性地完成进攻任务。

三、篮球技术训练与运动生理学的关系

篮球训练是在篮球赛和篮球训练场所中对处在运动状态的运动员的身体各方面机能进行考察、专项训练的一种形式。篮球运动训练中运动负荷的安排得当与否是衡量教学和训练效果的重要因素，运动员对这一负荷是否适应与他承受的刺激强度有直接的关系。运动负荷如果过大，超过了运动员的生理承受范围，那么运动员就不能适应，甚至导致运动损伤；反之，

过小的运动负荷刺激会延长运动员的适应过程,从而达不到训练效果。篮球运动的教学和训练给予肌体的生理负荷正是引起身体各器官适应性增强的刺激,合理安排运动负荷具有重要的作用。根据运动生理学知识和原理,结合运动员的身体情况,可以制定出科学、合理的运动训练方案,使运动训练负荷的搭配更为合理,全方位发展身体机能,增强人体各系统的运动功能。

第三节　篮球项目的快速伸缩复合训练方法[①]

一、下肢快速伸缩复合训练

1. 双脚跳

动作说明:

双脚开立,脚尖在一条直线上;屈髋、屈膝向下深蹲;双臂自然向后摆动,然后快速有力地向前上方摆动,前脚掌快速蹬地,向上跳起;着地时前脚掌着地,然后屈髋、屈膝缓冲,再次跳起。连续重复动作。(见图2-2)

动作要求:

保持身体稳定,确保双脚稳定地接触地面,快速、有弹性地起跳。

图2-2

---

① 本章动作示范:代俊龙;搭档:李正东。

动作进阶1：双脚伸踝跳

动作说明：

双脚开立，脚尖在一条直线上；屈髋、屈膝向下深蹲；双臂自然向后摆动，然后快速有力地向前上方摆动，踝关节蹬伸发力，向上跳起；着地时前脚掌着地，然后屈髋、屈膝缓冲，再次跳起。连续重复动作。（见图2-3）

动作要求：

练习过程中尽量减少水平方向的移动，踝关节蹬伸发力。

图 2-3

动作进阶2：纵跳摸高

动作说明：

保持身体直立，双脚开立，间距与肩同宽；双臂自然向后摆动，前脚掌快速蹬地，向上跳起，在跳跃至最大高度时，双手触摸一个物体或目标；屈髋、屈膝着地缓冲。连续重复动作。（见图2-4）

动作要求：

尽最大努力去触摸物体或目标，腾空时保持身体舒展。

图 2-4

动作进阶 3：连续纵跳摸高

动作说明：

搭档站在跳箱上，手握物体。练习者双脚开立，间距与肩同宽；双臂自然向后摆动，前脚掌蹬地，向上跳起，在跳跃至最大高度时，双手触摸一个物体或目标；屈髋、屈膝着地缓冲。连续重复动作。（见图 2-5）

动作要求：

尽可能缩短脚接触地面的时间。

图 2-5

动作进阶4：旋转90°双脚跳

动作说明：

保持半蹲姿势，站在跳箱一侧，背部平直，腹部收紧，双脚开立，间距与肩同宽；双臂于髋部两侧微屈，快速向上摆起，以手臂带动身体快速伸髋、伸膝，双脚蹬离地面，身体逆时针旋转90°，跳上跳箱；屈髋、屈膝着地缓冲，同时双臂下摆至髋部两侧，保持半蹲姿势1—2s。（见图2-6）

动作要求：

动作连贯，尽可能缩短脚接触地面的时间。跳箱的起始高度约为15cm。

图 2-6

2. 单脚跳

动作说明：

保持单腿站姿，另一条腿屈膝抬起，紧贴站立腿，站立腿半蹲；双臂自然向后摆动，前脚掌蹬地，向上跳起；屈髋、屈膝着地缓冲。重复动作。（见图2-7）

动作要求：

保持身体稳定、腹部和背部肌肉紧张；确保双脚稳定地接触地面，快速、有弹性地起跳。

图 2-7

动作进阶1：单脚伸踝跳

动作说明：

保持单腿半蹲姿势；双臂自然向后摆动，摆动腿快速上摆，同时起跳腿的前脚掌快速蹬地，踝关节蹬伸发力，向上跳起；屈髋、屈膝着地缓冲。重复动作。（见图2-8）

动作要求：

练习过程中尽量减少水平方向的移动，踝关节蹬伸发力。

图 2-8

动作进阶2：单腿蹬跳

动作说明：

面向跳箱，一只脚放在跳箱上，脚后跟靠近跳箱边缘，另一只脚撑地；跳箱上的脚蹬箱跳起，同时双臂上摆；先前在跳箱上的脚落回跳箱上，且应该先于撑地的脚落回。重复动作。（见图2-9）

动作要求：

强度随着跳箱高度的增加而增大。跳箱的起始高度约为15cm。

图 2-9

动作进阶3：纵向单脚跳

动作说明：

保持单腿站姿，面向跳箱，另一只脚抬离地面；双臂伸直，举过头顶，保持掌心相对；背部平直，腹部收紧；双臂快速向下摆动至髋部两侧后快速向上摆起，以手臂带动身体快速伸髋、伸膝；起跳脚蹬离地面，向前跳上跳箱；起跳脚着地，屈髋、屈膝着地缓冲，同时双臂下摆至髋部两侧，以同侧单脚运动姿势站立，保持1—2s。（见图2-10）

动作要求：

（1）保持身体稳定、腹部和背部肌肉紧张。（2）尽可能缩短单脚接触地面的时间。（3）跳箱的起始高度约为15cm。（4）动作连贯，没有停顿。

图 2-10

动作进阶4：交换腿跳蹬

动作说明：

面向跳箱，一只脚放在跳箱上，脚后跟靠近跳箱边缘，另一只脚撑地；跳箱上的脚蹬箱跳起，同时双臂上摆；先前在跳箱上的脚落回跳箱上，且应该先于撑地的脚落回。重复动作，并且在每次重复时交换双脚位置。（见图2-11）

动作要求：

强度随着跳箱高度的增加而增大。跳箱的起始高度约为15cm。

图 2-11

3. 跳深

动作说明：

站在跳箱上，保持身体直立，双脚间距与肩同宽，脚尖靠近跳箱边缘；从跳箱上迈下，双脚同时着地，立即起跳，跳得越高越好。（见图2-12）

动作要求：

（1）直接从跳箱上向前迈，不要向上或向下改变重心，因为这些调整都将改变最终跳跃的高度。（2）尽可能缩短脚接触地面的时间。（3）强度随着跳箱高度的增加而增大。跳箱的起始高度约为30cm。（4）着地时应强调垂直跳跃的高度，尽量减少水平方向的移动。

图 2-12

动作进阶1：跳深至第二跳箱

动作说明：

以放松的姿势直立在跳箱上，双脚间距与肩同宽，脚尖靠近跳箱边缘，面向第二个跳箱；从跳箱上迈下，双脚同时着地，立即跳上第二个跳箱。（见图2-13）

动作要求：

（1）直接从跳箱上向前迈，不要向上或向下改变重心，因为这些调整都将改变最终跳跃的高度。（2）尽可能缩短脚接触地面的时间。（3）强度随着跳箱高度的增加而增大。跳箱的起始高度约为30cm。（4）跳箱之间的距离取决于练习者的经验和能力；跳箱之间的距离越大，跳跃的强度就越大。两个跳箱的起始间距约为61cm。

图 2-13

动作进阶2：跳深接立定跳远

动作说明：

站在跳箱上，保持身体直立，双脚间距与肩同宽，脚尖靠近跳箱边缘；从跳箱上迈下，双脚同时着地；立即尽可能远地向前跳，双脚着地后屈膝缓冲。（见图2-14）

动作要求：

（1）直接从跳箱上向前迈，不要向上或向下改变重心，因为这些调整都将改变最终跳跃的高度。（2）尽可能缩短脚接触地面的时间。（3）强度随着跳箱高度的增加而增大。跳箱的起始高度约为30cm。

图 2-14

动作进阶3：跳深接单腿跳

动作说明：

站在跳箱上，保持身体直立，双脚间距与肩同宽，脚尖靠近跳箱边缘；从跳箱上迈下，双脚同时着地，立即单脚尽可能远地向前跳，单脚着地后屈膝缓冲。（见图2-15）

动作要求：

（1）直接从跳箱上向前迈，不要向上或向下改变重心，因为这些调整都将改变最终跳跃的高度。（2）尽可能缩短脚接触地面的时间。（3）强度随着跳箱高度的增加而增大。跳箱的起始高度约为30cm。（4）单脚跳跃时保持身体稳定。

图2-15

动作进阶4：跳深接触胸跳

动作说明：

站在跳箱上，保持身体直立，双脚间距与肩同宽，脚尖靠近跳箱边缘；从跳箱上迈下，双脚同时着地，立即尽可能高地向上跳，双脚着地后屈膝缓冲。（见图2-16）

动作要求：

（1）直接从跳箱上向前迈，不要向上或向下改变重心，因为这些调整都将改变最终跳跃的高度。（2）尽可能缩短脚接触地面的时间。（3）强度随着跳箱高度的增加而增大。跳箱的起始高度约为30cm。（4）触胸跳时尽最大努力使双膝触碰双手。

图 2-16

二、上肢快速伸缩复合训练

1. 胸前双腿直立姿快速传篮球

动作说明：

练习者面对回弹器或搭档，间距约为3m；保持身体直立，双脚间距与肩同宽；双臂屈曲，将篮球抬至胸部水平位置；快速伸展双臂，把球传向回弹器或搭档；在回弹器或搭档回传时接住球，回到起始姿势。立即重复动作。（见图2-17）

动作要求：

在实际投掷之前双臂略微后移，快速屈伸，不断加快传球速度。

图 2-17

动作进阶1：胸前双腿直立姿快速传实心球

动作说明：

练习者面对回弹器或搭档，间距约为3m；保持身体直立，双脚间距与肩同宽；双臂屈曲，将实心球抬至胸部水平位置；快速伸展双臂，把球传向回弹器或搭档；在回弹器或搭档回传时接住球，回到起始姿势。立即重复动作。（见图2-18）

动作要求：

强度随着实心球重量的增加而增大。实心球的起始重量约为0.9kg。

图 2-18

动作进阶2：胸前单腿直立姿快速推实心球

动作说明：

保持单腿站姿，将实心球抬至胸部水平位置；尽可能用最大力量快速

向墙壁推出球；在球反弹至手时抓住球，回到起始姿势。重复规定的次数。（见图2-19）

动作要求：

（1）双手同时发力将实心球推向墙壁，接球的位置不要太靠近胸部。（2）连续推球时，实心球不要在胸前停留。（3）支撑腿髋部略微后坐，膝部微屈，保持稳定。（4）推球过程中保持身体稳定。

图2-19

动作进阶3：胸前跪姿快速推实心球

动作说明：

保持单膝跪姿，将实心球抬至胸部水平位置；尽可能用最大力量快速向墙壁推出球；在球反弹至手时抓住球，回到起始姿势。重复规定的次数。（见图2-20）

动作要求：

（1）双手同时发力将实心球推向墙壁，接球的位置不要太靠近胸部。（2）连续推球时，实心球不要在胸前停留。（3）始终保持标准的姿势，背部平直，腹部收紧。（4）动作连贯，没有停顿。

图 2-20

动作进阶 4：胸前分腿蹲姿快速推实心球

动作说明：

双脚前、后开立，保持半蹲姿势，将实心球抬至胸部水平位置；尽可能用最大力量快速向墙壁推出球；在球反弹至手时抓住球，回到起始姿势。重复规定的次数。（见图 2-21）

动作要求：

（1）双手同时发力将实心球推向墙壁，接球的位置不要太靠近胸部。（2）连续推球时，实心球不要在胸前停留。（3）始终保持标准的姿势，背部平直，腹部收紧。（4）动作连贯，没有停顿。

图 2-21

2. 双手过头前抛实心球

动作说明：

练习者面对回弹器或搭档，间距约为3m；保持身体直立，双脚间距与肩同宽；将实心球上举过头顶，投掷前手臂轻微后移；双手同时将球抛向回弹器或搭档，在回弹器或搭档回抛时接住球并上举过头顶。立即重复动作。练习者和搭档也可通过向下动作和接住反弹球让球在他们之间的地面来回反弹。（见图2-22）

动作要求：

强度随着实心球重量的增加而增大。实心球的起始重量约为0.9kg。

图 2-22

动作进阶1：双手换边快速抛实心球

动作说明：

练习者面对回弹器或搭档，间距约为3m；保持身体直立，双脚间距与肩同宽；双臂屈曲，将实心球上举过一侧肩部，轻微后移；快速伸展双臂，将球抛向回弹器或搭档；在回弹器或搭档回抛时接住球并上举过对侧肩部。立即重复动作。（见图2-23）

动作要求：

强度随着实心球重量的增加而增大。实心球的起始重量约为0.9kg。

图 2-23

动作进阶 2：直立姿旋转过顶砸实心球

动作说明：

保持身体直立，双臂屈曲，双手持实心球于胸前；髋部和躯干率先发力，拉伸腹部，将球拉至身体一侧；将球举过头顶，带动肩部、手臂，把动力传到球上；通过收缩腹部和上背部肌肉，尽可能用最大力量快速向身体另一侧的地面砸出球；回到起始姿势。重复规定次数，对侧亦然。（见图 2-24）

动作要求：

（1）在砸球前应首先拉伸腹部，双手同时发力将球砸向地面。（2）下砸过程中保持髋关节在高位，可以通过屈髋、收腹或提踵加大动作的力度和幅度。（3）始终保持标准的姿势，背部平直，腹部收紧。（4）动作连贯，没有停顿。

图 2-24

动作进阶3：前后分腿蹲旋转过顶砸实心球

动作说明：

双脚前、后开立，保持分腿蹲姿势；双臂屈曲，双手持实心球于胸前；髋部和躯干率先发力，拉伸腹部，将球拉至身体一侧；将球举过头顶，带动肩部、手臂，把动力传到球上；通过收缩腹部和上背部肌肉，尽可能用最大力量快速向身体另一侧的地面砸出球；回到起始姿势。重复规定次数，对侧亦然。（见图2-25）

动作要求：

（1）在砸球前应首先拉伸腹部，双手同时发力将球砸向地面。（2）下砸过程中保持髋关节在高位，可以通过屈髋、收腹或提踵加大动作的力度和幅度。（3）始终保持标准的姿势，背部平直，腹部收紧。（4）动作连贯，没有停顿。

图 2-25

3. 单臂双腿姿快速抛接实心球

动作说明：

练习者面对回弹器或搭档，间距约为3m；保持身体直立，双脚间距与肩同宽；用一只手将实心球举至肩外展90°且手臂屈曲90°的位置，伴随着手臂外旋，使前臂垂直于地面；将球抛向回弹器或搭档，在回弹器或

搭档回抛时接住球并举至对侧肩外展90°且手臂屈曲90°的位置。立即重复动作。（见图2-26）

动作要求：

（1）强度随着实心球重量的增加而增大。实心球的起始重量约为0.5kg。（2）此动作也可采用常规的抛接完成。

图2-26

动作进阶1：单臂单腿姿快速抛接实心球

动作说明：

练习者面对回弹器或搭档，间距约为3m；保持单腿站姿；用一只手将实心球举至肩外展90°且手臂屈曲90°的位置，伴随着手臂外旋，使前臂垂直于地面；球抛向回弹器或搭档，在回弹器或搭档回抛时接住球并举至对侧肩外展90°且手臂屈曲90°的位置。立即重复动作。（见图2-27）

动作要求：

（1）强度随着实心球重量的增加而增大。实心球的起始重量约为

0.5kg。（2）此动作也可采用常规的抛接完成。（3）保持身体稳定。

图 2-27

动作进阶2：爆发式接抛实心球

动作说明：

练习者仰卧在地面上，双臂伸直，双肩前屈约90°，头部靠近跳箱底座；搭档站在跳箱上，双手持实心球于练习者手臂的正上方；搭档松手放球时，练习者用双手接住球，并立即将球抛回搭档。（见图2-28）

动作要求：

强度随着实心球重量或跳箱高度的增加而增大。实心球的起始重量约为0.9kg，跳箱的起始高度约为30cm。

图 2-28

三、躯干快速伸缩复合训练

1. 仰卧起坐抛接实心球

动作说明：

练习者屈髋、屈膝坐在地面上，上半身与地面约成45°角；搭档双手持实心球站在练习者前方，练习者伸出双手准备接球；搭档抛出球后，练习者用双手接住，并且在上半身做出最小幅度的缓冲后，立即将球抛回搭档。（见图2-29）

动作要求：

（1）强度随着实心球重量的增加而增大。实心球的起始重量约为0.9kg。（2）将球抛回搭档的力量主要来自腹部肌群。

图 2-29

动作进阶：俄罗斯旋转抛接实心球

动作说明：

练习者保持仰卧起坐姿势，坐在地面上，屈髋、屈膝，双脚抬离地面，背部平直，腹部收紧；双臂屈曲，做好接球的准备；躯干向搭档方向稍微旋转，目视搭档手持的实心球；搭档双手持球站在练习者一侧，将球掷向练习者；练习者双手抓住实心球的同时，躯干顺势向身体另一侧旋转，将球拉至腰部另一侧，在动作达到最大幅度时，快速且尽力地旋转躯干，将球推还给搭档；搭档抓住球，回到起始姿势。重复规定次数。（见图 2-30）

动作要求：

（1）通过腹部两侧发力，带动肩部、手臂将实心球抛出。（2）保持身体稳定、动作连贯。

图 2-30

2. 爆发式实心球俯卧撑

动作说明：

双手置于实心球上并伸直双臂，保持俯卧撑姿势；双手快速从球上移开并下落，且着地时间距比肩略宽，双臂屈曲至胸部几乎接触到实心球；立即完全伸展双臂爆发式地向上推起身体，快速把手放在球上。重复动作。（见图 2-31）

动作要求：

（1）双臂在完成向上动作并达到最大高度时，双手应高于实心球。
（2）强度随着实心球重量的增加而增大。实心球的起始重量约为 2.3kg。

图 2-31

参考文献：

[1]董顺波.不同位置篮球运动员体能的特征及训练[J].体育学刊，2015（2）．

[2]池建，苗向军，米靖，张勇，郭永波.现代竞技篮球比赛负荷特征研究[J].北京体育大学学报，2007（2）．

[3]车同同，李志远，王硕，宋彦梁，杨铁黎.快速伸缩复合训练对大学生篮球运动员上下肢爆发力的影响效果研究[J].河北体育学院学报，2020（3）．

[4]王春晖.快速伸缩复合训练对青年男子篮球运动员下肢爆发力的影响研究[J].辽宁体育科技，2022（1）．

[5]崔继庆，和方舟，刘宇飞.快速伸缩复合训练对篮球运动员下肢爆发力影响的Meta分析[J].体育科技文献通报，2023（1）．

[6]王凯.快速伸缩复合训练在篮球训练中的应用影响研究[J].文体用

品与科技，2022（17）.

[7]Ben Abdelkrim, El Fazaa, El Ati J. Time-motion Analysis and Physiological Data of Elite Under-19-year Old Basketball Players during Competition[J]. British Journal of Sports Medicine, 2007(41).

[8]Cherni Y, Jlid M C, Mehrez H, Shephard R J, Paillard T, Chelly M S, Hermassi S. Eight Weeks of Plyometric Training Improves Ability to Change Direction and Dynamic Postural Control in Female Basketball Players[J]. Front Physiol, 2019(6).

[9]Arazi H, Asadi A. The Effect of Aquatic and Land Plyometric Training on Strength, Sprint and Balance in Young Basketball Players[J]. J Hum Sport Exerc, 2011(6).

[10]Miller M G, Herniman J J, Ricard M D, Cheatham C C, Michael T J. The Effects of a 6-week Plyometric Training Program on Agility[J]. J Sports Sci Med, 2006(9).

[11]Singh Bal B, Jeet Kaur P, Singh D. Effects of a Short Term Plyometric Training Program of Agility in Young Basketball Players[J]. Braz J Biomotricity, 2011(5).

[12]Asadi A, Arazi H. Effects of High-intensity Plyometric Training on Dynamic Balance, Agility, Vertical Jump and Sprint Performance in Young Male Basketball Players[J]. J Sport Health Res, 2012(4).

[13]Myer G D, Ford K R, Brent J L, Hewett T E. The Effects of Plyometric Vs Dynamic Stabilization and Balance Training on Power, Balance and Landing Force in Female Athletes[J]. J Strength Cond Res, 2006(2).

[14]Ramirez-Campillo R, García-Hermoso A, Moran J, Chaabene H, Negra Y, Scanlan A T. The Effects of Plyometric Jump Training on Physical Fitness Attributes in Basketball Players: a Meta-analysis[J]. J Sport Health Sci, 2022(6).

[15]Taube W, Leukel C, Gollhofer A. How Neurons Make Us Jump: the Neural Control of Stretch-shortening Cycle Movements[J]. Exerc Sport Sci Rev, 2012(2).

[16]Markovic G, Mikulic P. Neuro-musculoskeletal and Performance Adaptations to Lower-extremity Plyometric Training[J]. Sports Med, 2010(10).

[17]Sánchez-Sixto A, Harrison A J, Floría P. Effects of Plyometric Vs Combined Plyometric Training on Vertical Jump Biomechanics in Female Basketball Players[J]. J Hum Kinet, 2021(1).

[18]Munshi P, Khan M H, Arora N K, Nuhmani S, Anwer S, Li H, Alghadir A H. Effects of Plyometric and Whole-body Vibration on Physical Performance in Collegiate Basketball Players: a Crossover Randomized Trial[J]. Sci Rep, 2022(1).

[19]Colson S S, Pensini M, Espinosa J, Garrandes F, Legros P. Whole-body Vibration Training Effects on the Physical Performance of Basketball Players[J]. J Strength Cond Res, 2010(4).

[20]Sacot A, López-Ros V, Prats-Puig A, Escosa J, Barretina J, Calleja-González J. Multidisciplinary Neuromuscular and Endurance Interventions on Youth Basketball Players: a Systematic Review with Meta-analysis and Meta-regression[J]. Int J Environ Res Public Health, 2022(15).

[21]Ramachandran S, Pradhan B. Effects of Short-term Two Weeks Low Intensity Plyometrics Combined with Dynamic Stretching Training in Improving Vertical Jump Height and Agility on Trained Basketball Players[J]. Indian J Physiol Pharmacol, 2014(2).

[22]King J A, Cipriani D J. Comparing Preseason Frontal and Sagittal Plane Plyometric Programs on Vertical Jump Height in High-school Basketball Players[J]. J Strength Cond Res, 2010(8).

[23]Mc Cormick B T, Hannon J C, Newton M, Shultz B, Detling N, Young

W B. The Effects of Frontal and Sagittal-plane Plyometrics on Change-of-direction Speed and Power in Adolescent Female Basketball Players[J]. Int J Sports Physiol Perform, 2016 (1).

[24]Asadi A, Ramirez-Campillo R, Meylan C, Nakamura F Y, Cañas-Jamett R, Izquierdo M. Effects of Volume-based Overload Plyometric Training on Maximal-intensity Exercise Adaptations in Young Basketball Players[J]. J Sports Med Phys Fitness, 2017(12).

[25]Ramírez-Campillo R, Henríquez-Olguín C, Burgos C, Andrade D C, Zapata D, Martínez C, Álvarez C, Baez E I, Castro-Sepúlveda M, Peñailillo L, Izquierdo M. Effect of Progressive Volume-based Overload during Plyometric Training on Explosive and Endurance Performance in Young Soccer Players[J]. J Strength Cond Res, 2015(7).

[26]Ramírez-Campillo R, Burgos C H, Henríquez-Olguín C, Andrade D C, Martínez C, Álvarez C, Castro-Sepúlveda M, Marques M C, Izquierdo M. Effect of Unilateral, Bilateral and Combined Plyometric Training on Explosive and Endurance Performance of Young Soccer Players[J]. J Strength Cond Res, 2015(5).

[27]Ramírez-Campillo R, Gallardo F, Henriquez-Olguín C, Meylan C M, Martínez C, Álvarez C, Caniuqueo A, Cadore E L, Izquierdo M. Effect of Vertical, Horizontal and Combined Plyometric Training on Explosive, Balance and Endurance Performance of Young Soccer Players[J]. J Strength Cond Res, 2015(7).

[28]Ramírez-Campillo R, Meylan C, Alvarez C, Henríquez-Olguín C, Martínez C, Cañas-Jamett R, Andrade D C, Izquierdo M. Effects of in-season Low-volume High-intensity Plyometric Training on Explosive Actions and Endurance of Young Soccer Players[J]. J Strength Cond Res, 2014(5).

第三章 足球项目的快速伸缩复合训练方法

第一节 足球运动的项目特征

足球运动是一项影响力巨大的世界性运动，也是市场化程度很高的运动，世界各地都分布着足球俱乐部。相关的足球赛事也不胜枚举，比较著名的有欧洲的五大联赛，以及足球世界杯赛事。足球运动员是足球运动的主体，他们的体能状况在一定程度上决定了球队的水平，甚至决定了比赛的结果。在一场高水平足球比赛中，运动员会进行大量的跑动，一般而言，他们的跑动距离为8.7 — 14.2km。在战术变换中，运动员会进行大量的冲刺跑或变向，冲刺跑的次数为110 — 145次。在双方争抢的过程中，跑动的次数为120 — 155次。这些频繁的跑动、跳跃、改变方向非常耗费运动员的体能，运动员在平时要做好训练，提升自己在比赛中加速或减速、快速改变方向的能力，以及下肢爆发力和耐久力，以便为赢得比赛打下坚实基础。

一、足球运动快速伸缩复合训练的需求

足球项目的特点是进行高强度的间歇性运动，有氧和无氧系统都参与（见图3-1）。在足球比赛中，运动员通常跑动10 — 13km的距离，并进

行大约1350项运动，如加速或减速、改变方向和跳跃形式等。所有这些运动都穿插着短暂的恢复期，这些短时间动作往往在4—6s内发生一次，重复1000—1400次。足球比赛中技术表现主要体现在速度、下肢力量和爆发动作上。由于频繁采用这些动作会影响比赛结果和最佳竞技状态，在足球和其他集体性项目运动中能够完成快速有力动作是提高成绩最重要的能力之一，需要通过不同的训练来发展这种能力；包括这些动作，并用于力量发展的训练方法之一就是快速伸缩复合训练。

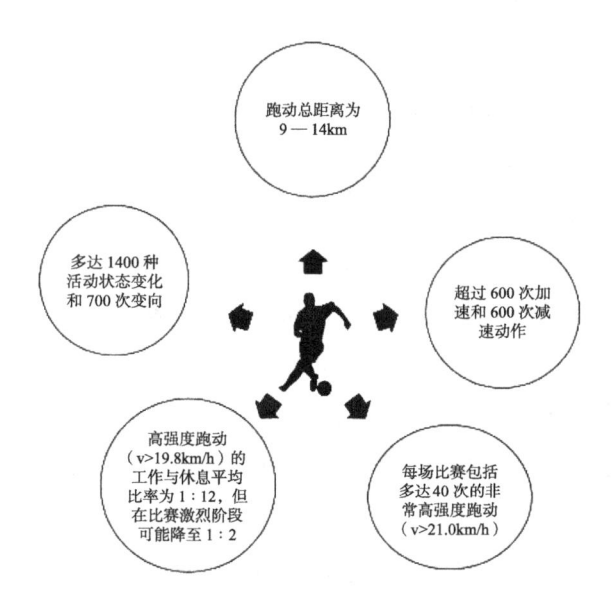

图 3-1　职业足球运动员 90min 比赛活动概况 [1]

二、不同位置的训练特征

随着足球战术理念的发展，每个球队都会设计出各种战术阵型。阵型的安排有助于场上队员位置的安排，队员根据各自的位置分工合作。而各种阵型通常被分成前场、中场、后场三个区域。前锋位于前场，是球队进

---

[1] http://www.360doc.com/content/19/1224/17/33793278_881832509.shtml.

攻的主要得分者。主要任务是进攻对方，以取得胜利；防守时在中场干扰对方进攻，必要时才返回本方半场进行协助。前卫位于中场，负责连接前场和后场队员，主要任务是将球权控制在己方、向对手做出拦截、争夺球、制造攻势。后卫负责防守、抢截和阻止对方进攻，由守转攻时组织进攻，是强大的潜在进攻力量，同时也可直接参与前锋线的进攻。守门员是球队的最后一道防线，主要任务是守卫己方球门。

据相关研究，我国足球运动员中守门员以力量型居多，后卫以综合素质型居多，前卫以速度耐力型和持久耐力型居多，前锋以速度型和速度耐力型居多。由于足球比赛存在明显的场区划分和位置分工现象，针对在不同场区及不同位置活动的运动员的身体素质训练是不同的。例如，在边路活动的运动员主要指边后卫、边前卫，有的球队也设边锋。对于这类运动员，应加强速度素质训练。他们又要同时多次、连续地往返于前场和后场边路，因此还要注重其速度耐力的训练。对于在前场中路活动的运动员，由于这一区域距离球门较近，需要提高其瞬间爆发性速度、良好的弹跳能力和快速反应能力。对于在中场活动的运动员，由于他们兼具进攻和防守的职责，要加强其有氧耐力的训练；同时，在该区域活动的运动员又要不断地完成变速、变向、转身、倒地等动作，所以，还要提高其灵活性和协调性。对于在后场中路活动的运动员，由于防守时在多数情况下背对球门，需要不断地转身或变向跑动，则应加强其快速反应和灵活性训练。

三、足球运动快速伸缩复合训练的应用

足球是一项非常受青少年欢迎的运动，足球运动员的成功是无数因素共同作用的结果，需要运动员具备良好的心理和身体素质。然而，与其他训练方法（如传统抗阻训练）相比，快速伸缩复合训练在改善短跑、跳跃、改变方向等多种能力方面似乎更有效。此外，快速伸缩复合训练几乎不需要设备即可实施，是一种可提高不同运动能力的有效训练方法；该训练还

模仿了足球运动员在短时间内特定的高强度动作，因此会增加与场上运动表现的转移效应。

有研究报道，每周实施3次快速伸缩复合训练，持续时间为6—10周，比其他训练方法更有效。此外，Sáez-Sáez de Villarreal E等认为，超过15次的训练可以提高力量表现能力，而每次重复40次以上的运动表现似乎是最有益的。Ozbar等在研究中使用低训练频率、高跳跃训练量和低强度训练模式，并且训练随着周数的增加而逐渐增加，使得高水平女子足球运动员的一些力量和速度参数显著提高。这些结果与Rubley等的研究相似，研究表明，每周进行1天的快速伸缩复合训练对儿童垂直纵跳具有显著的影响。在足球运动中，拥有高速度可以在于防守和进攻中移动球、从对手脚下获得球等动作中拥有优势。也有研究表明，快速伸缩复合训练是提高短跑成绩的有效方法，尤其体现在10—40m短跑中。Wilkerson等研究表明，快速伸缩复合训练对速度和跳跃也具有积极的影响。Brown M E、Kotzamanidis C等认为，快速伸缩复合训练可改善肌肉力量，增加垂直跳跃高度。de Villarreal E S发现，进行快速伸缩复合训练后，跳跃高度增加了4.7%—15.0%，还能改善协调性，从而诱导神经、肌肉适应，并且增加力量。

综上所述，将快速伸缩复合训练纳入足球训练课程中是非常实用的，能够很好地提高运动员的运动表现，预防运动损伤。

第二节　足球项目的技术动作特征

一、足球技术

足球技术指在足球竞赛规则允许的情况下，利用身体各部位有效地完成动作的方法总称。足球技术包括足球技术动作和足球技术能力。足球技术动作是为完成某一技术而采用的所有方法。足球技术能力指运动员在训练和比赛中合理地使用技术动作的情况，以及运用技术动作的熟练程度。在足球比赛中，运动员不仅需要进行运球、突破、争抢球、射门等技术动作，还要为完成这些技术动作做好充分准备，这些符合规则且合理的有球和无球的攻守动作构成当今复杂、多变的足球技术动作内容。足球技术可分为有球技术和无球技术两大类。其中，有球技术分为踢球、停球、顶球、运球、抢截球、假动作、掷界外球、守门员技术八种；无球技术分为启动、变向、急停、转身、假动作五种。

运动员通过接球、断球、抢球等技术动作获得球，由无球状态变为有球状态，然后根据临场情况进行传球、射门或运球突破再传射的动作。可见，一个从获得球到控制球和处理球的完整过程是由若干有球技术动作组合而成的，我们称之为"组合技术"。组合技术按处理球的方式可分为射门类组合技术和传球类组合技术，按获得球的方式可分为接球类组合技术、抢球类组合技术和断球类组合技术，以组合技术的动作数量为标准可分为二元、三元、四元组合技术。组合技术除了以单个技术动作构成，还表现为将单个动作有机组织起来构成一体的衔接环节。因此，很好地完成组合技术，不仅要有熟练的单个技术动作作为基础，还要训练并提高技术动作的衔接能力。

二、足球技术的主要特征

（一）技术与目的结合

技术的运用离不开目的性。足球比赛的目标是不让对方将球攻入自己的球门，而千方百计设法将球攻入对方球门。要做到技术与目的结合，运动员除了具备全面、坚实的技术基础，还需娴熟、自如地运用各项技术，特别要在技术的实用性上下功夫。

(二）技术与速度结合

足球运动正朝着高速度、强对抗的方向发展，在赛场上供运动员完成各项技战术动作的时间越来越短，空间也越来越小。运动员要在激烈的对抗中获得主动权，除了拥有娴熟的技术，还必须有快速运用技术的能力、完成技术动作的速度及技术动作之间的衔接速度。

（三）技术与位置结合

随着社会的不断发展、进步，足球技术在速度、强度等方面也在快速发展，对运动员提出了更全面的要求。每名运动员都身负攻、守双重任务，必须掌握攻守技术，才能适应战术的变化和比赛的需要。但是根据场上的位置分工，不同的位置均有不同的特点。这就要求运动员在掌握全面技术的基础上，根据个人的特长和位置的需要发展特长技术。

（四）技术与意识结合

技术必须被赋予意识，才具有活力和威力。足球场上运动员的一举一动，包括在有球和无球的情况下，均有意识的参与。从单一的技术动作到局部的战术配合，直至全队的整体打法，无不受意识支配。技术与意识的结合体现为一项高难度的系统工程，要求运动员不仅具备坚实的技术基础和熟练的运用能力，精通足球比赛的规律及各种战术打法，而且熟悉同伴和对手的球路和习惯，并且在瞬息万变的复杂形势中迅速做出抉择和行动。

三、足球技术训练与运动生理学的关系

足球运动中涉及的运动生理层面因素主要包括力量、速度、爆发力、柔韧性、协调性、运动频率、肌肉耐力、心血管系统功能等几个方面。其中，力量和肌肉耐力可以通过有氧运动获得，也可以通过无氧运动进行强化；速度、爆发力、柔韧性、协调性、运动频率等则必须通过无氧运动和专项肌肉训练进行全面、多维的塑造。可以说，单纯的有氧运动并不能有

效实现足球运动员体能的强化，而应当基于生理学的相关原理，结合运动员的实际情况，实现有氧与无氧、一般与专项训练的有机结合和相互补充。

第三节　足球项目的快速伸缩复合训练方法[①]

一、下肢快速伸缩复合训练

1. 双脚跳上跳箱

动作说明：

保持身体直立，面向跳箱，双脚间距与肩同宽；双臂后摆，双脚同时跳上跳箱，保持半蹲姿势；走下跳箱。重复动作。（见图3-2）

动作要求：

强度随着跳箱高度的增加而增大。跳箱的起始高度约为15cm。

图 3-2

[①] 本章动作示范：代俊龙；搭档：李正东。

动作进阶1：双脚抱头跳上跳箱

动作说明：

双手交叉于头后，保持身体直立，面向跳箱，双脚间距与肩同宽；双脚同时跳上跳箱，保持半蹲姿势；走下跳箱。重复动作。（见图3-3）

动作要求：

强度随着跳箱高度的增加而增大。跳箱的起始高度约为15cm。

图 3-3

动作进阶2：单脚跳上跳箱

动作说明：

保持单腿站姿，非跳跃腿保持屈曲，面向跳箱；双臂后摆，单脚跳上跳箱，保持半蹲姿势；走下跳箱。重复动作。（见图3-4）

动作要求：

强度随着跳箱高度的增加而增大。跳箱的起始高度约为15cm。

图 3-4

动作进阶3：交替横向蹬跳

动作说明：

站在跳箱一侧，一只脚放在跳箱上，内侧靠近跳箱边缘，另一只脚撑地；双臂上摆，在跳箱上的脚蹬箱跳起，先前撑地的脚落到跳箱顶部，且这只脚应该先于现在撑地的脚落回。立刻换对侧重复动作。（见图3-5）

动作要求：

强度随着跳箱高度的增加而增大。跳箱的起始高度约为15cm。

图 3-5

2. 双脚跳栏架

动作说明：

站在栏架一侧，保持身体直立，背部平直，腹部收紧，双脚间距与肩同宽；双臂伸直，举过头顶，保持掌心相对；双臂快速下摆至髋部两侧，快速向上摆起，以手臂带动身体快速伸髋、伸膝，双脚蹬离地面，从栏架上方跳过；屈髋、屈膝着地缓冲的同时双臂下摆至髋部两侧，保持双脚运动站姿1—2s。（见图3-6）

动作要求：

保持身体稳定，确保双脚稳定地触地，快速、有弹性地起跳。

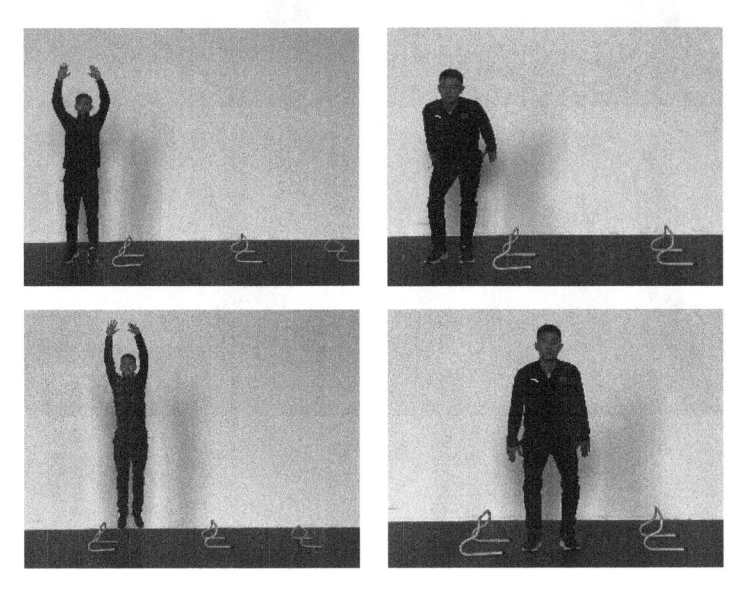

图 3-6

动作进阶1：旋转90°双脚跳栏架

动作说明：

站在栏架一侧，保持身体直立，背部平直，腹部收紧，双脚间距与肩同宽；双臂快速下摆至髋部两侧，快速向上摆起，以手臂带动身体快速伸髋、伸膝，双脚蹬离地面，身体逆时针旋转90°，从栏架上方跳过；屈髋、屈膝着地缓冲的同时双臂下摆至髋部两侧，保持双脚运动站姿1—2s。（见图3-7）

动作要求：

保持身体稳定，确保双脚稳定地触地，快速、有弹性地起跳。

图 3-7

动作进阶2：跳箱·双脚跳栏架

动作说明：

保持双脚运动姿势站在跳箱上，侧对栏架；双臂微屈于髋部两侧，背部平直，腹部收紧；侧向跳下跳箱，着地时，双脚前脚掌着地，脚后跟略微离开地面，屈髋、屈膝着地缓冲的同时双臂下摆至髋部两侧，做好快速起跳的准备；双臂快速向上摆起，以手臂带动身体快速伸髋、伸膝，双脚蹬离地面，从栏架上方跳过；再次着地时，屈髋、屈膝着地缓冲的同时双

臂下摆至髋部两侧，保持双脚运动站姿1—2s。（见图3-8）

动作要求：

保持身体稳定，确保双脚稳定地触地，快速、有弹性地起跳。

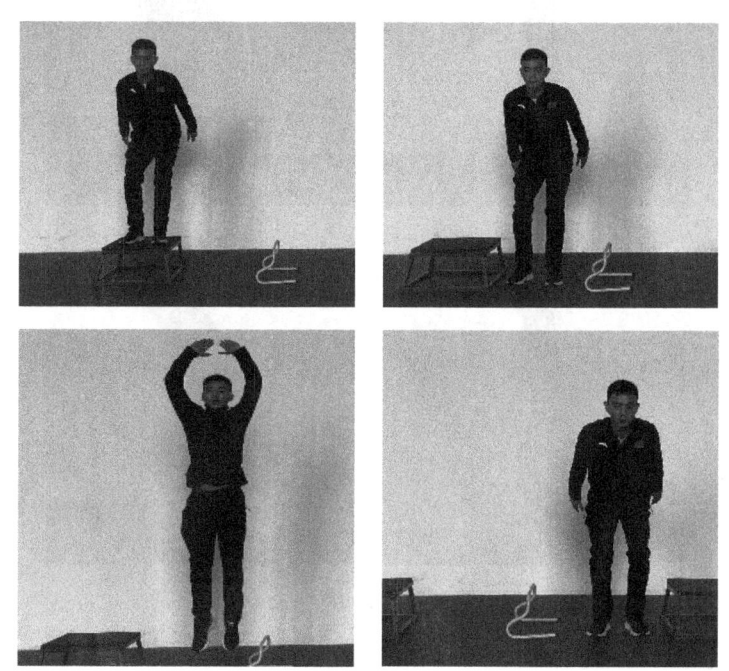

图 3-8

3. 交换跳

动作说明：

保持单脚运动站姿，另一只脚抬离地面；双臂微屈于髋部两侧，背部平直，腹部收紧；双臂快速向上摆起，以手臂带动身体快速伸髋、伸膝，起跳脚蹬离地面，向前跳跃；着地时，另一只脚着地，屈髋、屈膝着地缓冲的同时双臂下摆至髋部两侧，保持异侧单脚运动站姿1—2s。（见图3-9）

动作要求：

保持身体稳定，确保双脚稳定地触地，快速、有弹性地起跳。

图 3-9

动作进阶 1：跳箱·交换跳栏架

动作说明：

保持单腿直立姿势站在跳箱上，面向栏架；双臂自然垂于体侧，背部平直，腹部收紧；向前迈出一只脚，自然下落，着地时，起跳脚前脚掌着地，脚后跟略微离开地面，屈髋、屈膝着地缓冲的同时双臂下摆至髋部两侧，做好快速起跳的准备；双臂快速向上摆起，以手臂带动身体快速伸髋、伸膝，起跳脚蹬离地面，从栏架上方跳过；再次着地时，另一只脚着地，屈髋、屈膝着地缓冲的同时双臂下摆至髋部两侧，保持异侧单脚运动站姿 1 — 2s。（见图 3-10）

动作要求：

保持身体稳定，腰腹部收紧，确保双脚稳定地触地，快速、有弹性地起跳。

图 3-10

动作进阶2：跳箱·旋转90°交换跳栏架

动作说明：

保持单腿直立姿势站在跳箱上，侧对栏架；双臂微屈于髋部两侧，背部平直，腹部收紧；侧向跳下跳箱，着地时，起跳脚前脚掌着地，脚后跟略微离开地面，屈髋、屈膝着地缓冲的同时双臂下摆至髋部两侧，做好快速起跳的准备；双臂快速向上摆起，以手臂带动身体快速伸髋、伸膝，起跳脚蹬离地面，身体逆时针旋转90°，从栏架上方跳过；再次着地时，另一只脚着地，屈髋、屈膝着地缓冲的同时双臂下摆至髋部两侧，保持异侧单脚运动站姿1—2s。（见图3-11）

动作要求：

保持身体稳定，腰腹部收紧，确保双脚稳定地触地，快速、有弹性地起跳。

图 3-11

4. 单脚跳栏架

动作说明：

保持单脚运动姿势站立，远离栏架的一只脚抬离地面，侧对栏架；双臂微屈于髋部两侧，背部平直，腹部收紧；双臂伸直，举过头顶，保持掌心相对；双臂快速下摆至髋部两侧，快速向上摆起，以手臂带动身体快速伸髋、伸膝，起跳脚蹬离地面，侧向跳过栏架；起跳脚着地，屈髋、屈膝着地缓冲的同时双臂下摆至髋部两侧，保持同侧单脚运动站姿 1 — 2s。（见图 3-12）

动作要求：

着地时保持单脚运动站姿，保持身体稳定。

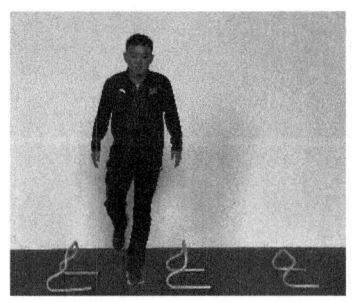

图 3-12

动作进阶1：跳箱·单脚跳栏架

动作说明：

保持单脚运动姿势站在跳箱上，远离栏架的一只脚抬离跳箱，侧对栏架；双臂微屈于髋部两侧，背部平直，腹部收紧；侧向跳下跳箱，着地时，起跳脚前脚掌着地，脚后跟略微离开地面，屈髋、屈膝着地缓冲的同时双臂下摆至髋部两侧，做好快速起跳的准备；双臂快速向上摆起，以手臂带动身体快速伸髋、伸膝，起跳脚蹬离地面，侧向跳过栏架；再次着地时，起跳脚着地，屈髋、屈膝着地缓冲的同时双臂下摆至髋部两侧，保持同侧单脚运动站姿1—2s。（见图3-13）

动作要求：

着地时保持单脚运动站姿，保持身体稳定。

图 3-13

动作进阶2：跳箱·旋转90°单脚跳栏架

动作说明：

保持单脚运动姿势站在跳箱上，远离旋转方向的一只脚抬离地面，面向栏架；双臂微屈于髋部两侧，背部平直，腹部收紧；跳下跳箱，着地时，起跳脚前脚掌着地，脚后跟略微离开地面，屈髋、屈膝着地缓冲的同时双臂下摆至髋部两侧，做好快速起跳的准备；双臂快速向上摆起，以手臂带动身体快速伸髋、伸膝，起跳脚蹬离地面，身体顺时针旋转90°，从栏架上方跳过；再次着地时，起跳脚着地，屈髋、屈膝着地缓冲的同时双臂下摆至髋部两侧，保持同侧单脚运动站姿1—2s。（见图3-14）

动作要求：

着地时保持单脚运动站姿，保持身体稳定。

图 3-14

二、上肢快速伸缩复合训练

1. 直立姿头上扔球

动作说明：

保持身体直立，面向墙壁，躯干与墙壁保持 0.6 — 0.9m 距离；双手持实心球于头上，双臂屈曲；将球拉至头后，尽可能用最大力量快速向墙壁扔出球；在球反弹至手时抓住球，回到起始姿势。重复规定的次数。（见图 3-15）

动作要求：

（1）接球的位置不要太靠近胸部。（2）由于躯干与墙壁距离较近，每次实心球反弹回来的速度较快，要做好连续快速砸球的准备。（3）始终保持标准的姿势，背部平直，腹部收紧。（4）动作连贯，没有停顿。

图 3-15

动作进阶1：单腿站姿头上扔球

动作说明：

保持单腿站姿，面向墙壁，躯干与墙壁保持0.6—0.9m距离；双手持实心球于头上，双臂屈曲；将球拉至头后，尽可能用最大力量快速向墙壁扔出球；在球反弹至手时抓住球，回到起始姿势。重复规定的次数。（见图3-16）

动作要求：

（1）接球的位置不要太靠近胸部。（2）由于躯干与墙壁距离较近，每次实心球反弹回来的速度较快，要做好连续快速砸球的准备。（3）支撑腿略微屈曲，身体后坐，单腿站立并保持身体稳定。（4）扔球过程中保持身体稳定。

图 3-16

动作进阶2：前后分腿跪姿头上扔球

动作说明：

保持前后分腿跪姿，面向墙壁，躯干与墙壁保持0.6—0.9m距离；双手持实心球于头上，双臂屈曲；将球拉至头后，尽可能用最大力量快速向墙壁扔出球；在球反弹至手时抓住球，回到起始姿势。重复规定的次数。（见图3-17）

动作要求：

（1）接球的位置不要太靠近胸部。（2）由于躯干与墙壁距离较近，每次实心球反弹回来的速度较快，要做好连续快速砸球的准备。（3）始终保持标准的姿势，背部平直，腹部收紧。（4）动作连贯，没有停顿。

图 3-17

2. 前后分腿蹲姿旋转扔球

动作说明：

保持前后分腿蹲姿，面向墙壁，躯干与墙壁保持0.6—1.2m距离；双手持实心球于胸前，双臂屈曲；向后方旋转躯干，将球拉至髋部后方；髋部发力，带动躯干、肩部、手臂，把动力传递到球上，尽可能用最大力量快速向墙壁扔出球；接球时，手臂微屈，一只手在球下方，另一只手在球后方，回到起始姿势。重复规定的次数。对侧亦然。（见图3-18）

动作要求：

（1）髋部发力扔球，被扔向墙壁的实心球运动轨迹呈一条直线。（2）始终保持标准的姿势，背部平直，腹部收紧。（3）动作连贯，没有停顿。

图 3-18

动作进阶1：前后分腿跪姿旋转扔球

动作说明：

保持前后分腿跪姿，面向墙壁，躯干与墙壁保持0.6—1.2m距离；双手持实心球于腰前，双臂屈曲；向后方旋转躯干，将球拉至髋部后方；髋部发力，带动躯干、肩部、手臂，把动力传递到球上，尽可能用最大力量快速向墙壁扔出球；接球时，手臂微屈，一只手在球下方，另一只手在球后方，回到起始姿势。重复规定的次数。对侧亦然。（见图3-19）

动作要求：

（1）髋部发力扔球，被扔向墙壁的实心球运动轨迹呈一条直线。（2）始终保持标准的姿势，背部平直，腹部收紧。（3）动作连贯，没有停顿。

图 3-19

动作进阶2：单腿站姿旋转扔球

动作说明：

保持单腿站姿，面向墙壁，躯干与墙壁保持0.6—1.2m距离；双手持实心球于腰前，双臂屈曲；向后方旋转躯干，将球拉至髋部后方；髋部发力，带动躯干、肩部、手臂，把动力传递到球上，尽可能用最大力量快速向墙壁扔出球；接球时，手臂微屈，一只手在球下方，另一只手在球后方，回到起始姿势。重复规定的次数。对侧亦然。（见图3-20）

动作要求：

（1）髋部发力扔球，被扔向墙壁的实心球运动轨迹呈一条直线。（2）支撑腿略微屈曲，身体后坐，单腿站立并保持身体稳定。（3）扔球过程中保持身体稳定。

图 3-20

3. 直立姿过顶砸球

动作说明：

保持身体直立，双手持实心球于胸前，双臂屈曲；拉伸腹部，将球在体前上举过头，最终拉至头后；髋部发力，带动躯干、肩部、手臂，把动力传递到球上，尽可能用最大力量快速向身体前面的地面砸出球；在球反弹至手时抓住球，回到起始姿势。重复规定的次数。（见图3-21）

动作要求：

（1）充分拉伸腹部，双手同时发力将实心球砸向地面。（2）下砸过程中，保持髋关节在高位。（3）始终保持标准的姿势，背部平直，腹部收紧。（4）动作连贯，没有停顿。

图 3-21

动作进阶1：前后分腿蹲姿旋转过顶砸球

动作说明：

保持前后分腿蹲姿，双手持实心球于腰前，双臂屈曲；拉伸腹部，将球在体前上举过头，最终拉至头后；把动力传递到球上，尽可能用最大力量快速向身体前面的地面砸出球；在球反弹至手时抓住球，回到起始姿势。重复规定的次数。（见图3-22）

动作要求：

（1）充分拉伸腹部，双手同时发力将实心球砸向地面。（2）下砸过程中，保持髋关节在高位。（3）始终保持标准的姿势，背部平直，腹部收紧。（4）动作连贯，没有停顿。

图 3-22

动作进阶 2：双膝跪姿旋转过顶砸球

动作说明：

保持双膝跪姿，双手持实心球于腰前，双臂屈曲；拉伸腹部，将球在体前上举过头，最终拉至头后；髋部发力，带动躯干、肩部、手臂，把动力传递到球上，尽可能用最大力量快速向身体前面的地面砸出球；在球反弹至手时抓住球，回到起始姿势。重复规定的次数。（见图3-23）

动作要求：

（1）充分拉伸腹部，双手同时发力将实心球砸向地面。（2）下砸过程中，保持髋关节在高位。（3）始终保持标准的姿势，背部平直，腹部收紧。（4）动作连贯，没有停顿。

图 3-23

4. 实心球上下传递

动作说明：

练习者双脚开立，间距与肩同宽，双脚与地面完全接触，双腿微屈，背对搭档或墙壁；向上伸长手臂，保持挺胸、收臀姿势，在头顶和双脚间与搭档来回传实心球。重复动作 10—15 次。（见图 3-24）

动作要求：

实心球重量为 5—15 磅（2—7kg）。始终保持标准的姿势，背部平直，腹部收紧；动作连贯，没有停顿。

图 3-24

动作进阶1：实心球转体90°

动作说明：

练习者双脚开立，间距与肩同宽，双脚与地面完全接触，双腿微屈，背对搭档或墙壁；伸长手臂，保持挺胸、收臀姿势。练习者转身从一侧传球，搭档向另一侧转身并接住球；双方均展开髋关节并转动肩部，以便传球并接球。（见图3-25）

动作要求：

实心球重量为5—15磅（2—7kg）。保持双脚与地面完全接触，在整个转动过程中强调姿态和柔韧性。

图 3-25

动作进阶2：实心球转体180°

动作说明：

练习者双脚开立，间距与肩同宽，双脚与地面完全接触，双腿微屈，背对搭档或墙壁；伸长手臂，保持挺胸、收臀姿势。此训练的姿势、稳定性和平衡性技巧类似于实心球转体90°训练，二者的区别在于此训练进一步提升了转体的难度。（见图3-26）

动作要求：

搭档必须转向相反的方向；一人传球，另一人接球；在整个转动过程中强调姿态和柔韧性。

图 3-26

5. 跨步双臂过顶抛球

动作说明：

双脚稍分开站立，保持身体重心平衡，双手持较大实心球于头顶；一只脚向投掷方向迈步，后面的腿和脚发力，作用于髋关节，摆动身躯向身体前方扔出球（在进行这个动作时，可以面向前方，也可以侧向迈步，扭动臀部进行猛推，并使用跨步技巧）。（见图3-27）

动作要求：

实心球重量为2.5—4.0kg。始终保持标准的姿势，背部平直，腹部收紧；动作连贯，没有停顿。

图 3-27

三、躯干快速伸缩复合训练

1. 哑铃水平摆动

动作说明：

保持双脚和髋关节放松的站姿，身体协调；双臂向前伸展并微屈，双手持哑铃于胸前，身体与哑铃保持手臂长的间距；双腿屈曲，肩部和手臂发力，扭转身体，将哑铃拉向身体一侧。随着冲力的加大，以另一侧肩部和手臂向相反方向拉动来抑制动作。（见图3-28）

动作要求：

（1）除了肩部和手臂，躯干和腿部的力量也可以参与动作。（2）在躯干完全朝一个方向摆动之前开始抑制动作，以一个方向的冲力作为引发另一个方向快速伸缩复合反应的负荷。

图 3-28

动作进阶：哑铃垂直摆动跳跃

动作说明：

保持背部平直、抬头，双手抓住哑铃，使之在双腿之间保持手臂长度悬挂；双臂伸展，上下摆动哑铃，以强制动力从一个方向对抗物体的冲力，以便开始相反方向的运动；通过伸展完成起跳动作。（见图3-29）

动作要求：

脚趾可以保持与地面接触，以便更好地理解扭转力的参与。

图 3-29

2. 杠铃杆扭转

动作说明：

双脚开立，间距比肩稍宽；将杠铃放于肩上，双手尽可能分开，紧握杠铃杆；向一个方向转动上半身推杠铃杆，接着向另一个方向推。重复动作。（见图3-30）

动作要求：

保持身体直立，集中精力以躯干肌肉抵抗并克服杠铃杆的冲力。

图 3-30

参考文献：

[1]朱军凯. 中国国家队男子足球运动员位置体能特征研究[J]. 中国体育科技，2012（1）.

[2]彭必明. 足球运动的专项特征研究[J]. 湖北体育科技，2012（2）.

[3]周仁端，唐武英，严敏. 试论足球运动的特征变异与规则演变的辩证关系[J]. 新课程研究（中旬刊），2014（5）.

[4]Stolen T, Chamari K, Castagna C, Wisloff U. Physiology of Soccer: an Update[J]. Sports Med, 2005(6).

[5]Chelly M S, Ghenem A, Abid K, Hermassi S, Tabka Z, Shephard R J. Effects of in-season Short-term Plyometric Training Program on Leg Power, Jump and Sprint Performance of Soccer Players[J]. J Strength Cond Res,

2010(10).

[6]Rattanapian P, Tingsabhat J, Kanungsukkasem V. Factors Influencing Achievement of Regional League Division 2 Football Tournament Management[J]. Kasetsart J Soc Sci, 2018(39).

[7]Datson N, Hulton A, Andersson H, Lewis T, Weston M, Drust B, Gregson W. Applied Physiology of Female Soccer: an Update[J]. Sports Med, 2014(44).

[8]Vaeyens R, Malina R M, Janssens M, Van Renterghem B, Bourgois J, Vrijens J, Philippaerts R M. A Multidisciplinary Selection Model for Youth Soccer: the Ghent Youth Soccer Project[J]. Br J Sports Med, 2006(40).

[9]le Gall F, Carling C, Williams M, Reilly T. Anthropometric and Fitness Characteristics of International, Professional and Amateur Male Graduate Soccer Players from an Elite Youth Academy[J]. J Sci Med Sport, 2010(13).

[10]Meylan C, Cronin J, Oliver J, Hughes M, Manson S. An Evidence-based Model of Power Development in Youth Soccer[J]. Int J Sports Sci Coach, 2014(9).

[11]Ramirez-Campillo R, Alvarez C, Garcia-Hermoso A, Ramirez-Velez R, Gentil P, Asadi A, Chaabene H, Moran J, Meylan C, García-de-Alcaraz A, et al. Methodological Characteristics and Future Directions for Plyometric Jump Training Research: a Scoping Review[J]. Sports Med, 2018(48).

[12]Ramirez-Campillo R, Moran J, Chaabene H, Granacher U, Behm D G, Garcia-Hermoso A, Izquierdo M. Methodological Characteristics and Future Directions for Plyometric Jump Training Research: a Scoping Review Update[J]. Scand J Med Sci Sports, 2020(30).

[13]Chu D, Myer G. Plyometrics[J]. Human Kinetics, Champaign, I L, USA, 2013.

[14]Ozbar, Nurper, Ates, Seda, Agopyan, Ani. The Effect of 8-week

Plyometric Training on Leg Power, Jump and Sprint Performance in Female Soccer Players[J]. Journal of Strength and Conditioning Research, 2014(10).

[15]Sáez-Sáez de Villarreal E, Requena B, Newton R U. Does Plyometric Training Improve Strength Performance? a Meta-analysis[J]. J Sci Med Sport, 2010(5).

[16]Sáez de Villarreal E, Requena B, Cronin J B. The Effects of Plyometric Training on Sprint Performance: A Meta-analysis[J]. J Strength Cond Res, 2012(2).

[17]Rimmer, Edwin, Sleivert, Gordon. Effects of a Plyometrics Intervention Program on Sprint Performance[J]. Journal of Strength and Conditioning Research 2000(3).

[18]Brown M E, Mayhew J L, Boleach L W. Effect of Plyometric Training on Vertical Jump Performance in High School Basketball Players[J]. J Sports Med Phys Fitness, 1986(1).

[19]Kotzamanidis C. Effect of Plyometric Training on Running Performance and Vertical Jumping in Prepubertal Boys[J]. J Strength Cond Res, 2006(2).

[20]de Villarreal E S, Kellis E, Kraemer W J, Izquierdo M. Determining Variables of Plyometric Training for Improving Vertical Jump Height Performance: a Meta-analysis[J]. J Strength Cond Res, 2009(2).

[21]Behm D G, Sale D G. Velocity Specificity of Resistance Training[J]. Sports Med, 1993(6).

[22]Beato, Marco1, Bianchi, Mattia, Coratella, Giuseppe, Merlini, Michele, Drust, Barry. Effects of Plyometric and Directional Training on Speed and Jump Performance in Elite Youth Soccer Players[J]. Journal of Strength and Conditioning Research, 2018(2).

[23]Chelly, Mohamed Souhaiel, Ghenem, Mohamed Ali, Abid, Khalil,

Hermassi, Souhail, Tabka, Zouhair, Shephard, Roy J. Effects of in-season Short-term Plyometric Training Program on Leg Power, Jump and Sprint Performance of Soccer Players[J]. Journal of Strength and Conditioning Research, 2010(10).

[24]Rubley M D, Haase A C, Holcomb W R, Girouard T J, Tandy R D. The Effect of Plyometric Training on Power and Kicking Distance in Female Adolescent Soccer Players[J]. J Strength Cond Res, 2011(1).

[25]Zhang Y, Li D, Gómez-Ruano M Á, Memmert D, Li C, Fu M. Effects of Plyometric Training on Kicking Performance in Soccer Players: a Systematic Review and Meta-analysis[J]. Front Physiol, 2023.

[26]Sedano Campo S, Vaeyens R, Philippaerts R M, Redondo J C, de Benito A M, Cuadrado G. Effects of Lower-limb Plyometric Training on Body Composition, Explosive Strength and Kicking Speed in Female Soccer Players[J]. J Strength Cond Res, 2009(6).

[27]Sedano S, Matheu A, Redondo J C, Cuadrado G. Effects of Plyometric Training on Explosive Strength, Acceleration Capacity and Kicking Speed in Young Elite Soccer Players[J]. J Sports Med Phys Fitness, 2011(1).

[28]Sáez de Villarreal E, Suarez-Arrones L, Requena B, Haff G G, Ferrete C. Effects of Plyometric and Sprint Training on Physical and Technical Skill Performance in Adolescent Soccer Players[J]. J Strength Cond Res, 2015(7).

[29]Asadi A, Ramirez-Campillo R, Arazi H, Sáez de Villarreal E. The Effects of Maturation on Jumping Ability and Sprint Adaptations to Plyometric Training in Youth Soccer Players[J]. J Sports Sci, 2018(21).

[30]Meylan C, Malatesta D. Effects of in-season Plyometric Training within Soccer Practice on Explosive Actions of Young Players[J]. J Strength Cond Res, 2009 (9).

[31]Söhnlein Q, Müller E, Stöggl T L. The Effect of 16-week Plyometric

Training on Explosive Actions in Early to Mid-puberty Elite Soccer Players[J]. J Strength Cond Res, 2014(8).

[32]Johnson B A, Salzberg C L, Stevenson D A. A Systematic Review: Plyometric Training Programs for Young Children[J]. J Strength Cond Res, 2011(9).

第四章　排球项目的快速伸缩复合训练方法

第一节　排球运动的项目特征

排球运动是短时间高强度结合长时间低强度的集体性隔网对抗性项目，动作技术结构可以分为有球和无球，有球包含发、扣、拦、垫、传、接，以及跳跃、鱼跃、多方向短距离加速跑等动作。高水平的男子排球运动员每场比赛的总时间为85—130min，每回合用时3—40s，70%以上的回合用时10—15s。主要通过磷酸原系统和糖酵解系统完成完整的技术动作与战术配合，在回合间休息时通过有氧系统恢复身体机能，并合成三磷酸腺苷。有氧代谢在回合间的恢复过程中表现得很重要，磷酸肌酸的补充和乳酸的清除表现为一个氧化过程。训练有素的排球运动员无氧阈可以达到80%VO_{2max}，最大摄氧量可达到55—65ml/kg·min。

一、排球运动快速伸缩复合训练的需求

排球是一项高强度的集体性运动项目，它结合了爆发性运动（垂直和水平方向），持续时间短（3—9s），中间穿插有相对长的恢复时间（10—20s）。在早期分析比赛表现的研究中，Sheppard J M、García de Alcaraz A等学者一致认为加速、减速、跳跃、击球和多向移动是排球运

动中常见的动作。而Stolen T等发现，尽管与其他集体性运动（如足球）相比，排球运动员的总助跑距离可能较短，但排球总运动距离中相对大的一部分（约30%）是在急加速的基础上完成的，尤其表现在直线助跑方面。此外，Wagner H等研究表明，跳跃前的快速助跑也与跳跃高度有关。与业余排球运动员相比，职业排球运动员的线性加速度更高。而且，得分动作（如发球、扣球和拦网）是以跳跃为基础的。García de Alcaraz A等研究发现，一个典型的排球队（n=12人）在整个赛季中进行了约120000次跳跃。根据训练专项性原则，排球运动员应系统地进行快速伸缩复合训练。

二、不同位置的训练特征

排球运动比赛场上运动员的分工越来越细化，大体上可以分为主攻、副攻、二传、接应二传和自由人5种位置。不同位置的运动员在比赛中的负荷不同，对其专项身体素质的要求也不同。

对于主攻，主要的技术有移动、垫球、扣球、发球（大力跳发球）和拦网，要有绝对的爆发力，即扣球高度；同时，主攻的下肢力量和上肢力量、腰腹力量和耐力素质都是至关重要的。因此，在发展主攻的专项身体素质时，应强调弹跳力、腰腹力量、上肢力量、上肢的挥击速度、挥击力量等方面的训练。副攻主要担负快攻、掩护和拦网的职责。副攻的主要技术有移动、扣球（短、平、快球）、发球（原地上手飘球）和拦网。扣球要求手腕速度快、起跳速度快、反应速度快。拦网要求移动速度快、连续起跳能力强，有绝对的弹跳爆发力，即拦网高度。副攻在一场比赛中要具备连续起跳拦网的能力，在一场比赛中，基本上所有的拦网都是副攻独立或配合完成的。副攻在每个进攻球的过程中都有着非常重要的作用，在没有完成进攻性扣球的情况下，也要完成相应的进攻性上步击球动作，以完成掩护。因此，对副攻的下肢力量、挥臂速度、腰腹力量及耐力素质有较高的要求。在发展专项身体素质时，应注重快速起跳能力、连续起跳能力、挥臂速度等素质的训练。接应二传作为队中进攻的核心人物，在1号、2号、4号位都有较强的得分能力。接应二传在前排时，可与主攻、副攻组成快速而多变的三点攻战术体系；同时，其自身高大、善于拦网的特性也可以给对方4号位的进攻造成极大的威胁。当主二传在前排形成两点攻轮次时，接应二传的后排进攻更是发挥了至关重要的作用，与3号位快攻和4号位强攻组成的立体进攻战术体系有效地克服了前排两点攻弱轮现象，特别在一传不到位，无法组织快攻的情况下，接应二传的2号位强攻和后排攻大大缓解了主攻的进攻压力，有效提高了全队整体进攻实力。因此，发展接应二传的专项身体素质，应主要加强其弹跳力、腰腹力量、上肢力量、上肢挥击速度、协调性等训练。

三、排球运动快速伸缩复合训练的应用

Ebben W P、Blackard D O、Ebben W P、Blagrove R C等认为，无论在集体项目还是个人项目中，快速伸缩复合训练都是被教练、力量训练和体能训练专业人员采用最多的训练方法之一。快速伸缩复合训练的重要性已通过越来越多的科学研究被证实。其中，de Villarreal E S等的研究表明快速伸缩复合训练在改善体能（如肌肉力量、直线冲刺和改变方向速度）方面具有有效性，而不考虑年龄、性别和训练专业知识。Ramirez-Campillo R等表明，无论运动员的年龄和性别情况如何，快速伸缩复合训练都能适度改善排球运动员的垂直纵跳高度情况。Ramirez-Campillo R和García de Alcaraz A等的研究表明，除了垂直纵跳高度，快速伸缩复合训练对提高冲刺速度也很有效。Sáez de Villarreal E等研究发现，经过快速伸缩复合训练的排球运动员的力量是篮球运动员的两倍。Sattler T等研究了技术水平较高的男子排球运动员的基本跳跃（如垂直纵跳）与专项跳跃（如拦网和扣球跳跃）的关系，分析得出所有的跳跃测试都是相互关联的。

对于通过训练提高冲刺速度，最佳方法包括提高水平加速度（跳跃、水平位移跳跃），特别是向前加速度，这在排球运动中最为常见。

综上所述，排球运动对运动员的速度、敏捷性、肌肉力量和力量耐力有着很高的要求，进行快速伸缩复合训练是提高排球运动员竞技表现的一种有效方法，这些对神经、肌肉和结构特征有着积极影响的训练在排球等运动中得到了广泛应用。

第二节　排球项目的技术动作特征

一、排球技术

排球是一项很受欢迎的球类运动。排球基本技术指运动员在竞赛中采取的各种击球动作，以及未实现击球的各种动作的总称。

发球、垫球、传球、扣球和拦网是排球运动中五项常用的击球技术，又称"有球技术"。凡没有涉及球的种种预备姿势、挪动、起跳，以及前扑、滚翻、鱼跃、倒地等均为共同技术，或称"无球技术"。正确的击球技术和共同技术的实施，首先应符合比赛规则，符合人体解剖学和运动生物力学的原理，同时还应结合个人的特点。运用技术时要做到放松、准确、省力，充分发挥人的体能和技艺，充分利用时间和空间的变化。

第一，接发球是排球的基础技术，它的目的是使发球者控制发球的方向和力度，让接发球者有机会准备进攻或防守。接发球时要注意把握住球，以防发球者发球太快，而无法接住球。第二，垫球是在腹前一臂间隔处借助蹬地、抬臂动作，以双臂的前端，借助来球的反弹力将球击出的技术动作。垫球在竞赛中多用于接发球、接扣球和接拦回球，是竞赛中多得分、少失分，由被迫变主动的重要技术。第三，传球是在额前上方双手

（或单手）借助蹬地、伸臂动作，以及手腕、手指的弹击力实现的击球技术动作。传球的目的是把接起的球传给前排队员，这样，一个队的进攻性才能充分发挥。为了抢夺主动权，使进攻战术疾速、多变，二传手更起着中心作用。第四，扣球是排球运动中的一项进攻技术，它的目的是使对方难以接住球，以实现进攻。扣球时，发力要均匀，技巧要灵活，且要控制力度，以保证球的落点准确。第五，拦网是排球运动中的一项重要技术，它的目的是阻止对方的进攻。拦网时要注意把握拦网的时机，以及拦网的力度和距离，以确保拦网成功。

排球的五种基本技术都是不可或缺的，只有掌握了这些基本技术，才能在排球比赛中取得胜利。

二、排球技术的主要特征

（一）完成技术动作的时间短促

根据排球比赛规则，击球动作应清晰而准确，不允许球在手中停留。因此，运动员要在短暂的时间内根据场上瞬息万变的情况及时、准确地判断来球的方向、性质和落点，保持人、球、网三者和谐的关系，确定击球的方向、弧度和落点。

（二）各种技术动作都是球在空中飞行时完成的

根据排球比赛规则，球落地即为失误，无论球在空中飞行的距离远近、位置高低、速度快慢，运动员采取的各种击球动作都必须在球在空中飞行的过程中完成。

（三）移动距离短，身体活动范围大

双方6名运动员在长18m、宽9m的排球场地中都有明确的分工，所采用的技术动作一般是在短距离、高速度的情况下进行的。轮转到前排时，要力争在个人绝对高度的最高点击球；到后排时，要降低身体重心，尽量扩大防守面积。

（四）攻防技术的转换性与技术效果具有双重性

排球技术分为进攻技术和防守技术两大类，如双方交战时的发球与接发球、扣球与拦网就分属这两类。同时，排球的各项技术又都体现为攻中有防、防中有攻，两类技术处在频繁的转换、交替之中。各项技术运用成功即可得分、得权；如果运用失当，便会失分、失权。故技术效果体现为双重性。

（五）技术动作具有高度的技巧性

排球技术动作多样、细腻而精确。根据比赛规则，球不能在手中停留，球落地即为失误，除了拦网，每人不得连续击球两次，对于各方，都有一定的击球次数限制。这就要求排球运动必须体现出相当高的技巧性。

（六）全身各部位都能触球

排球比赛规则规定，球可以触击身体的任何部位，这样，防守技术动作更加多样化，扩大了防守范围，增加了起球机会，排球比赛将更加精彩，更具趣味性和观赏性，也对运动员掌握技术动作提出了更高的要求。

（七）技术与战术具有统一性

在体育比赛中，技术与战术是相互联系、相互依存、相互制约、相辅相成的。技术是战术的基础，拥有好技术，就能充分发挥战术的作用。完成一个技术动作是实现一个战术目标的基础。所以，在训练排球技术的同时，要根据战术目标的要求，将技术与战术统一。

三、排球技术训练与运动生理学的关系

在排球运动中，技术的掌握和技术的合理运用都需要人体生理的配合，动作是否标准取决于生理条件。所以，研究排球运动，离不开对生理学的研究，对排球路线的判断是排球技术中的主要部分，要对排球的行进路线做好预判，通过视觉准确地判断球的起点和落点，以更加合理地击球。

在排球竞赛中，大多数情况下，一个对抗周期的延续时间为7—8s，其变化范围为5.7—10.3s。在这一周期中，磷酸原系统功能占主导地位。"死球"、暂停、换人和局间休息时主要由有氧系统供能，使磷酸肌酸得以不断恢复。在连续多回合的对抗中，乳酸系统功能则在保持运动员运动能力中居主导地位。随着每球得分新赛制的执行，决定胜负的无氧供能的主导地位更显突出。排球比赛时间长，对抗激烈，且技术动作复杂、多变，对运动员的中枢神经系统、心血管系统和呼吸系统提出了更高的要求。

移动方向及各部位的关系也是排球运动中强调的对象。例如，在进行正面上手传球技术击球手型的动作结构分析时，运用解剖学原理能够较清楚地阐明手指、手腕和肘关节三个主要部位的角度和参与肌肉的工作特点，以及它们协调配合的情况。

第三节 排球项目的快速伸缩复合训练方法[1]

一、下肢快速伸缩复合训练

1. 垫步跳

动作说明：

抬起一条腿，屈曲约90°，协调摆臂（例如抬起一条腿，对侧手臂摆动）；从单腿的反向动作开始，向上、向前跳起，对侧腿在对侧脚着地前应保持屈曲；跳跃腿回到起始姿势，立即换对侧腿重复动作。（见图4-1）

动作要求：

保持身体稳定，尽可能缩短脚接触地面的时间。

---

[1] 本章动作示范：汪善伟；搭档：李正东。

图 4-1

动作进阶 1：爆发式垫步跳

动作说明：

抬起一条腿，屈曲约 90°，协调摆臂；一条腿向上、向前跳起，同时向上移动非跳跃腿，使之在跳跃中屈髋、屈膝的幅度更大；跳跃腿回到起始姿势，立即换对侧腿重复动作。（见图 4-2）

动作要求：

保持身体稳定，尽可能缩短脚接触地面的时间。

图 4-2

动作进阶2：向后垫步跳

动作说明：

抬起一条腿，屈曲约90°，协调摆臂；从单腿的反向动作开始，向后跳跃，同时非跳跃腿屈曲约90°；跳跃腿回到起始姿势，立即换对侧腿重复动作。（见图4-3）

动作要求：

保持身体稳定；双臂协调摆动，带动身体；尽可能缩短脚接触地面的时间。

图 4-3

2. 交换跳·单臂前摆

动作说明：

保持身体直立，双脚间距与肩同宽；左脚在接触地面的瞬间蹬地，在蹬离地面的过程中，右腿向前移动，屈髋至大腿与地面平行，小腿与地面垂直；在腾空阶段，左臂向前摆动；右脚着地后，立即换对侧腿重复动作。（见图4-4）

动作要求：

交换跳是一种幅度较大的动作，目的是每一步都跨出尽可能大的距离。

图 4-4

动作进阶1：交换跳·双臂前摆

动作说明：

保持身体直立，双脚间距与肩同宽；左脚在接触地面的瞬间蹬地，在蹬离地面的过程中，右腿向前移动，屈髋至大腿与地面平行，小腿与地面垂直；在腾空阶段，双臂向前摆动；右脚着地后，立即换对侧腿重复动作。（见图4-5）

动作要求：

交换跳是一种幅度较大的动作，目的是每一步都跨出尽可能大的距离。

图 4-5

动作进阶2：负重交换跳·双臂前摆

动作说明：

保持身体直立，双脚间距与肩同宽，双腿绑沙袋或双手握小哑铃；左脚在接触地面的瞬间蹬地，在蹬离地面的过程中，右腿向前移动，屈髋至大腿与地面平行，小腿与地面垂直；在腾空阶段，双臂向前摆动；右脚着地后，立即换对侧腿重复动作。（见图4-6）

动作要求：

强度随着器材重量的增加而增大。沙袋和哑铃的起始重量约为2kg。

图 4-6

3. 单腿蹬跳

动作说明：

面向跳箱，一只脚放在跳箱上，脚后跟靠近跳箱边缘，另一只脚撑地；协调摆臂；在跳箱上的脚蹬箱跳起，再落回跳箱上，且这只脚应该先于撑地的脚落回。立即重复动作。（见图4-7）

动作要求：

强度随着跳箱高度的增加而增大。跳箱的起始高度约为15cm。

图 4-7

动作进阶1：交换腿蹬跳

动作说明：

面向跳箱，一只脚放在跳箱上，脚后跟靠近跳箱边缘，另一只脚撑地；协调摆臂；在跳箱上的脚蹬箱跳起，再落回跳箱上，且这只脚应该先于撑地的脚落回。立刻重复动作，并且在每次重复时交换双脚位置。（见图4-8）

动作要求：

强度随着跳箱高度的增加而增大。跳箱的起始高度约为15cm。

图 4-8

动作进阶2：负重交换腿蹬跳

动作说明：

面向跳箱，一只脚放在跳箱上，脚后跟靠近跳箱边缘，另一只脚撑地；双手握小哑铃，协调摆臂；在跳箱上的脚蹬箱跳起，再落回跳箱上，且这只脚应该先于撑地的脚落回。立刻重复动作，并且在每次重复时交换双脚位置。（见图4-9）

动作要求：

强度随着跳箱高度的增加而增大。跳箱的起始高度约为15cm，哑铃的起始重量约为2kg。

图 4-9

动作进阶3：平衡盘·交换腿蹬跳

动作说明：

面向跳箱，一只脚放在跳箱上，脚后跟靠近跳箱边缘，另一只脚踩在平衡盘上；协调摆臂；在跳箱上的脚蹬箱跳起，再落回跳箱上，且这只脚应该先于撑地的脚落回。立即重复动作，并且在每次重复时交换双脚位置。（见图4-10）

动作要求：

强度随着跳箱高度的增加而增大。跳箱的起始高度约为15cm。保持身体稳定、腹部和背部肌肉紧张。

图 4-10

4. 跳深至第二跳箱

动作说明：

以放松的姿势直立在跳箱上，双脚间距与肩同宽，脚尖靠近跳箱边缘，面向第二个跳箱；协调摆臂；从跳箱上迈下，双脚同时着地；立即跳上第二个跳箱。（见图4-11）

动作要求：

（1）直接从跳箱上向前迈，不要向上或向下改变重心，因为这些调整都将改变最终跳跃的高度。（2）尽可能缩短脚接触地面的时间。（3）强度随着跳箱高度的增加而增大。跳箱的起始高度约为30cm。（4）跳箱之间的距离取决于练习者的经验和能力；跳箱之间的距离越大，跳跃的强度就越大。两个跳箱的起始间距约为61cm。

图 4-11

动作进阶1：跳深+蹲跳

动作说明：

以放松的姿势直立在跳箱上，双脚间距与肩同宽，脚尖靠近跳箱边缘；协调摆臂；从跳箱上迈下，双脚着地时，保持下蹲姿势；立即起跳，跳得越高越好；再次着地时，保持同样的下蹲姿势。（见图4-12）

动作要求：

（1）直接从跳箱上向前迈，不要向上或向下改变重心，因为这些调整都将改变最终跳跃的高度。（2）尽可能缩短脚接触地面的时间。（3）强度随着跳箱高度的增加而增大。跳箱的起始高度约为30cm。（4）着地时，应强调垂直跳跃的高度，尽量减少水平方向的移动。

图 4-12

动作进阶2：负重跳深+蹲跳

动作说明：

以放松的姿势直立在跳箱上，双脚间距与肩同宽，脚尖靠近跳箱边缘，双腿绑沙袋或双手握小哑铃；协调摆臂；从跳箱上迈下，双脚着地时，保持下蹲姿势；立即起跳，跳得越高越好；再次着地时，保持同样的下蹲姿势。（见图4-13）

动作要求：

（1）直接从跳箱上向前迈，不要向上或向下改变重心，因为这些调整都将改变最终跳跃的高度。（2）尽可能缩短脚接触地面的时间。（3）强度随着跳箱高度的增加而增大。跳箱的起始高度约为30cm。（4）着地时，应强调垂直跳跃的高度，尽量减少水平方向的移动。

图4-13

动作进阶3：非稳定跳深+蹲跳

动作说明：

以放松的姿势直立在跳箱上，双脚间距与肩同宽，脚尖靠近跳箱边缘；协调摆臂；从跳箱上迈下，双脚着地时踩平衡盘，保持下蹲姿势；立即起跳，跳得越高越好；再次着地时，保持同样的下蹲姿势。（见图4-14）

动作要求：

（1）直接从跳箱上向前迈，不要向上或向下改变重心，因为这些调整都将改变最终跳跃的高度。（2）尽可能缩短脚接触地面的时间。（3）强度随着跳箱高度的增加而增大。跳箱的起始高度约为30cm。（4）着地时，应强调垂直跳跃的高度，尽量减少水平方向的移动。（5）保持身体稳定、动作连贯。

图 4-14

5. 双脚交替台阶交换跳

动作说明：

面向台阶，从整个台阶的底端开始，一只脚在某一级台阶上保持平衡，另一只脚在身后稍稍抬离相邻的下一级台阶，悬空保持平衡；前面的脚抬离的同时，后面的脚下落到低一级的台阶上，立即快速爆发式将身体向上推，前面的腿的膝关节向上驱动，跳到更高的1—2级台阶上。从右脚开始，下落到左脚，交换跳到右脚；重复规定的次数。（见图4-15）

动作要求：

（1）交换前面的腿和蹬伸腿，重复相同的次数，为一个训练组。（2）尽可能缩短脚接触地面的时间。（3）保持身体稳定、动作连贯。

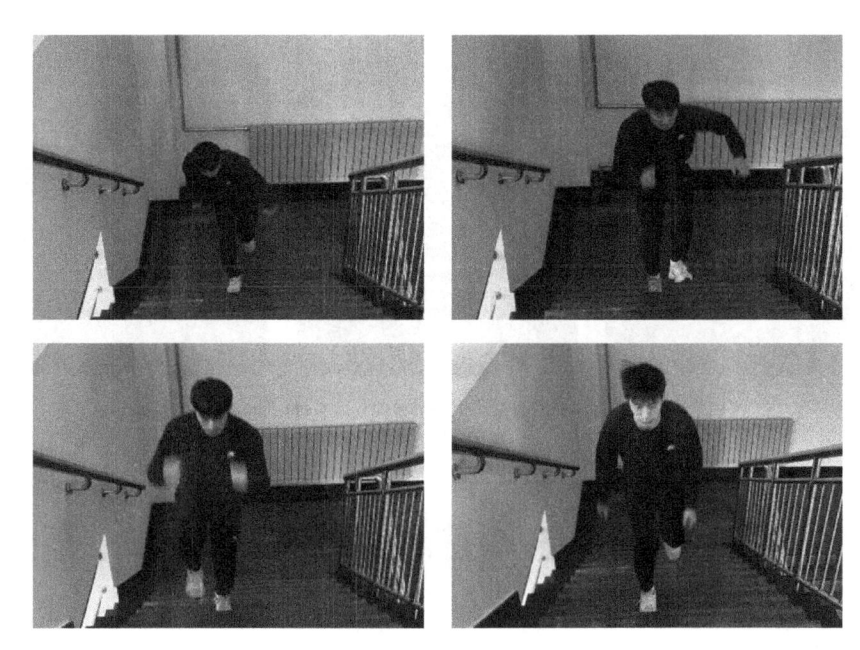

图 4-15

动作进阶 1：侧向台阶交换跳

动作说明：

侧对台阶，保持半蹲姿势，身体重心在位于上一级台阶的脚上，与其他台阶交换跳的方法相似，保持身体重心在台阶之间移动；下面的脚迈向后一级台阶，立即伸展腿部和膝关节，用前面的腿驱动，快速从内侧向上方交换跳 2 级或 3 级。在另一个方向重复相同的动作。（见图 4-16）

动作要求：

（1）保持身体稳定、动作连贯。（2）尽可能缩短脚接触地面的时间。

图 4-16

动作进阶 2：单腿台阶交换跳

动作说明：

面向台阶，单腿站在台阶底端，另一只脚悬空保持平衡；单腿起跳，在空中交换双腿；另一只脚着地，在台阶上站稳。重复规定的次数。（见图 4-17）

动作要求：

保持身体稳定、动作连贯而规范；起跳与着地时均需动作轻盈；略微屈膝，以缓冲冲力。

图 4-17

6. 栏架跳箱·单脚跳

动作说明：

保持单腿直立姿势站在跳箱上，侧对栏架，靠近栏架的一只脚抬离跳箱，双臂微屈于髋部两侧，背部平直，腹部收紧；侧向跳下跳箱，着地时，起跳脚前脚掌着地，脚后跟略微离开地面，屈髋、屈膝着地缓冲的同时双臂下摆至髋部两侧，做好快速起跳的准备；双臂快速向上摆起，以手臂带动身体快速伸髋、伸膝，起跳脚蹬离地面，从栏架上方跳过；再次着地时，起跳脚着地，屈髋、屈膝着地缓冲的同时双臂下摆至髋部两侧，保持同侧单脚运动站姿 1 — 2s。（见图 4-18）

动作要求：

着地时保持稳定的单脚运动站姿。

图 4-18

动作进阶1：栏架跳箱旋转90°单脚跳

动作说明：

保持单腿直立姿势站在跳箱上，面对栏架；双臂微屈于髋部两侧，背部平直，腹部收紧；跳下跳箱，着地时，起跳脚前脚掌着地，脚后跟略微离开地面，屈髋、屈膝着地缓冲的同时双臂下摆至髋部两侧，做好快速起跳的准备；双臂快速向上摆起，以手臂带动身体快速伸髋、伸膝，起跳脚蹬离地面，身体顺时针旋转90°，从栏架上方跳过；再次着地时，起跳脚着地，屈髋、屈膝着地缓冲的同时双臂下摆至髋部两侧，保持同侧单脚运动站姿1—2s。（见图4-19）

动作要求：

着地时保持稳定的单脚运动站姿。

图 4-19

动作进阶2：栏架跳箱旋转180°单脚跳

动作说明：

动作同栏架跳箱旋转90°单脚跳，要求身体顺时针旋转180°跳过栏架。（见图4-20）

动作要求：

着地时保持稳定的单脚运动站姿。

图 4-20

二、上肢快速伸缩复合训练

1. 铲式抛球

动作说明：

保持跪姿，双手持球，身体以髋关节为轴前屈，将球放在身体正前方的地面上，保持胸部在前方且髋关节在较高位置并向后，肩部位于球前方的姿势；双臂伸直并放松，快速摆动髋关节并伸展躯干，像扔平直球一样尽可能快、尽可能远地将球推出，完成捞球或铲球动作，以俯卧撑姿势减缓着地过程中的冲力。（见图4-21）

动作要求：

（1）训练强调的是髋关节和肩关节的完全伸展，而不是手臂动作。
（2）使用重量为2—7kg的球进行练习。

图4-21

动作进阶1：勺式抛球

动作说明：

保持半蹲姿势，在双膝水平高度或低于双膝的高度双手持重量为2—7kg的球，伸展双臂，抬头，挺背；以快速而短暂的反向动作向上抛球，尝试抬高身体，并将球推到最高的位置；在球着地时，做好接住前方返回球的准备；接住球之后，立即起跳，并将球重新抛起。重复动作。（见图4-22）

动作要求：

（1）强调向上的距离。（2）保持身体稳定。

图 4-22

动作进阶2：非稳定勺式抛球

动作说明：

双脚踩在平衡盘上，保持半蹲姿势，在双膝水平高度或低于双膝的高度双手持重量为2—7kg的球，伸展双臂，抬头，挺背；以快速而短暂的反向动作向上抛球，尝试抬高身体，并将球推到最高的位置；在球着地时，做好接住前方返回球的准备；接住球之后，立即起跳，并将球重新抛起。重复动作。（见图4-23）

动作要求：

（1）强调向上的距离。（2）保持身体稳定、躯干和背部肌肉紧张。

图 4-23

2. 实力举

动作说明：

双脚开立，间距比肩稍宽；将杠铃放于肩上，以手掌前旋的方式抓握杠铃，前臂与杠铃垂直，以保持正确的抓握宽度；肩部和双手按压杠铃，髋关节下移，双腿微屈，身体下沉；髋关节和双腿发力，将杠铃从肩部向上推举；在双腿完全伸展时，用力将杠铃推到手臂锁定的位置。（见图4-24）

动作要求：

（1）脚后跟可以离地，但脚尖不可以离地。（2）推举杠铃前，双肘必须位于杠铃前方。

图 4-24

动作进阶1：挺举（半蹲挺）

动作说明：

保持双腿微屈的半蹲姿势；将杠铃放于肩部上方、双耳高度，以手掌前旋的方式抓握杠铃，前臂与杠铃垂直，以保持正确的抓握宽度；髋关节和双腿发力，将杠铃向上推举并举过头顶；加速将杠铃向上推举，保持身体屈曲；移动双脚，保持双腿屈曲，双脚与地面完全接触。（见图4-25）

动作要求：

（1）双臂在双耳上方锁定。（2）蹲起时保持杠铃在头顶上方，身体稳定。（3）加速上推杠铃时双脚可离地。

图 4-25

动作进阶2：挺举（分腿挺）

动作说明：

保持双腿微屈的半蹲姿势；将杠铃放于肩部上方、双耳高度，以手掌前旋的方式抓握杠铃，前臂与杠铃垂直，以保持正确的抓握宽度；双腿前后分开，蹬伸并跳跃，将杠铃向上推举并举过头顶。（见图4-26）

动作要求：

（1）前面的脚必须与地面完全接触。（2）直到双脚并拢，推举动作才算完成。

图 4-26

动作进阶3：非稳定挺举（半蹲挺）

动作说明：

双脚踩在平衡盘上，保持双腿微屈的半蹲姿势；将杠铃放于肩部上方、双耳高度，以手掌前旋的方式抓握杠铃，前臂与杠铃垂直，以保持正确的抓握宽度；髋关节和双腿发力，将杠铃向上推举并举过头顶；加速将杠铃向上推举，保持身体屈曲；移动双脚，保持双腿屈曲，双脚与地面完全接触。（见图4-27）

动作要求：

（1）保持身体稳定、躯干和背部肌肉紧张。（2）蹲起时保持杠铃在头顶上方，身体稳定。（3）加速上推杠铃时双脚可离地。

图 4-27

3. 组合跳跃+过顶抛球

动作说明：

双脚开立，间距与肩同宽，屈髋、屈膝，保持背部平直，目视前方；将药球放于前方6—8m处的平坦、无障碍区域；腿部发力，双脚向前方跳跃，接近球时，快速俯身抓取球；起身并借助腿、腰、臂的协同力量，将球于头顶上方抛出，同时身体重心适度前移。（见图4-28）

动作要求：

保持身体稳定、动作连贯。

图 4-28

动作进阶1：组合跳跃+下投抛球

动作说明：

前部分动作同组合跳跃+过顶抛球；在组合跳跃着地后，向下抛球。（见图4-29）

动作要求：

保持身体稳定、动作连贯。

图 4-29

动作进阶2：负重组合跳跃+下投抛球

动作说明：

持壶铃进行负重组合跳跃；待到达抛球点，拿起球进行下投抛球。（见图4-30）

动作要求：

（1）以最少的球触地次数完成投掷动作。（2）也可在进行一系列向前跳跃或者一次以上向后跳跃之后完成投掷动作。

图 4-30

4. 俯卧撑

动作说明：

保持双手、双脚撑地俯卧姿势，双手在双肩正下方，双臂伸直，但双肘不要锁死；双臂屈曲，降低胸部高度，直至贴近地面；尽可能用最大力量快速将身体推起，双手做好着地缓冲的准备；双臂屈曲，以双肘支撑身体，当身体即将贴近地面时，再次快速将身体推起。重复规定次数。（见图 4-31）

动作要求：

（1）在完成动作过程中，双臂同时发力推起身体，腹部和臀部收紧，身体呈一条直线。（2）身体贴近地面时，双臂屈曲缓冲，臀部不要抬起，保持身体稳定、动作连贯。

图 4-31

动作进阶 1：推墙俯卧撑

动作说明：

在距离墙一大步的位置保持站姿，双臂伸直，双手触墙，拇指向内，其余手指向上；双臂屈曲，身体倾斜并靠近墙；双臂伸展，使身体被推回起始位置或者更远的位置。（见图 4-32）

动作要求：

（1）以最短的时间完成最大限度的伸展。（2）保持身体稳定、核心收紧。

图 4-32

动作进阶2：凳子推起俯卧撑

动作说明：

在坚固的凳子或平台旁边保持站姿或跪姿，双臂伸直，双手触凳子或平台边缘，拇指向内，其余手指向上；双臂屈曲，身体倾斜，靠在凳子或平台上；双臂伸展，使身体被推回起始位置或者更远的位置。（见图4-33）

动作要求：

（1）在最短的时间完成最大限度的伸展。（2）保持身体稳定、核心收紧。

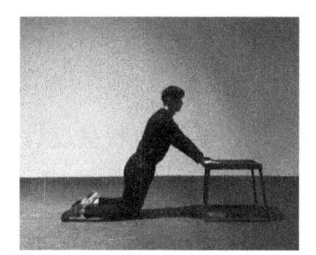

图 4-33

5. 跪姿胸前传球

动作说明：

面对墙壁保持跪姿，双臂屈曲，双手持球于胸前；快速将球向前方推出，双臂完全伸展；在球回弹后重复动作。（见图4-34）

动作要求：

（1）保持身体稳定、躯干和背部肌肉紧张，动作连贯。

图 4-34

动作进阶1：面对面胸前传球

动作说明：

练习者与搭档面对面保持跪姿，进行胸前传球，而不是借助墙壁进行训练。（见图4-35）

动作要求：

（1）保持身体稳定、躯干和背部肌肉紧张，动作连贯。（2）两人间距为2—3m。

图 4-35

动作进阶2：瑞士球面对面胸前传球

动作说明：

练习者与搭档面对面坐在瑞士球上，进行非稳定坐姿胸前传球。（见图4-36）

动作要求：

（1）保持身体稳定、躯干和背部肌肉紧张，动作连贯。（2）两人间距为2—3m。

图 4-36

三、躯干快速伸缩复合训练

1. 仰卧面对面抛球

动作说明：

练习者与搭档面对面坐在地面上，双脚交叉锁定，保持身体稳定。练习者持球于头顶并抛给搭档，在搭档抛回球时接住。重复动作。（见图4-37）

动作要求：

（1）冲力会迫使身体向后摆动，以腹肌对抗这个向后的动作。（2）集中注意力，以躯干肌肉，而不是手臂和肩部推球。（3）保持双臂在头顶张开，背部不触碰地面。

图 4-37

动作进阶1：仰卧单臂过顶抛球

动作说明：

练习者面向搭档或墙壁平躺在地面上，双脚放平，双膝朝上，一只手握住一个较小的实心球（1.5—3.0kg），保持身体和手臂放松；像扔平直球一样将球向搭档或墙壁抛出。（见图4-38）

动作要求：

（1）保持头部和背部放松。（2）双臂不屈曲，以肩关节完成动作。

图 4-38

动作进阶2：瑞士球仰卧单臂过顶抛球

动作说明：

仰卧在瑞士球上，动作同仰卧单臂过顶抛球。（见图4-39）

动作要求：

（1）保持头部和背部放松。（2）双臂不屈曲，以肩关节完成动作。（3）保持身体稳定、注意力集中。

图 4-39

2. 杠铃杆扭转

动作说明：

双脚开立，间距比肩稍宽；将杠铃杆放于肩部，双手尽可能分开，紧握杠铃杆；向一个方向转动上半身推杠铃杆，接着向另一个方向推。重复动作。（见图4-40）

动作要求：

保持身体笔直而稳定，集中精力以躯干肌肉抵抗并克服杠铃杆的冲力。

图 4-40

动作进阶1：单腿姿杠铃杆扭转

动作说明：

由双腿站姿转变为单腿站姿，动作同杠铃杆扭转。（见图4-41）

动作要求：

保持身体笔直而稳定，集中精力以躯干肌肉抵抗并克服杠铃杆的冲力。

图4-41

动作进阶2：平衡盘杠铃杆扭转

动作说明：

双脚踩在平衡盘上，动作同杠铃杆扭转。（见图4-42）

动作要求：

保持身体笔直而稳定，集中精力以躯干肌肉抵抗并克服杠铃杆的冲力。

图4-42

3. 单腿水平摆动

动作说明：

保持单腿站姿；双臂向前伸展并微曲，双手将物体提到胸部的高度；肩部和手臂发力，扭转身体，将重物拉向身体一侧。随着冲力的加大，以另一侧肩部和手臂向相反方向拉动来抑制动作。（见图4-43）

动作要求：

（1）除了肩部和手臂，躯干和腿部的力量也可以参与动作。（2）保持身体稳定。（3）在躯干完全朝一个方向摆动之前开始抑制动作，以一个方向的冲力作为引发另一个方向快速伸缩复合反应的负荷。

图 4-43

动作进阶1：平衡盘·水平摆动

动作说明：

双脚踩在平衡盘上，动作同单腿水平摆动。（见图4-44）

动作要求：

（1）除了肩部和手臂，躯干和腿部的力量也可以参与动作。（2）保持身体稳定、腹部和背部肌肉紧张。

图 4-44

动作进阶2：平衡盘单腿水平摆动

动作说明：

单脚踩在平衡盘上，动作同单腿水平摆动。（见图4-45）

动作要求：

（1）除了肩部和手臂，躯干和腿部的力量也可以参与动作。（2）保持身体稳定、腹部和背部肌肉紧张。

图 4-45

参考文献：

[1]Polglaze T, Dawson B. The Physiological Requirements of the Positions in State League Volleyball[J]. Sports Coach, 1992(15).

[2]Sheppard J M, Gabbett T, Taylor K L, Dorman J, Lebedew A J, Borgeaud R. Development of a Repeated-effort Test for Elite Men's Volleyball[J]. Int J Sports Physiol Perform, 2007(3).

[3]de Alcaraz A G, Valadés D, Palao J M. Evolution of Game Demands from Young to Elite Players in Men's Volleyball[J]. Int J Sports Physiol Perform, 2017(6).

[4]Stølen T, Chamari K, Castagna C, Wisløff U. Physiology of Soccer: an Update[J]. Sports Med, 2005(6).

[5]Sáez-Sáez de Villarreal E, Requena B, Newton R U. Does Plyometric Training Improve Strength Performance? a Meta-analysis[J]. J Sci Med Sport, 2010(5).

[6]Wagner H, Tilp M, von Duvillard S P, Mueller E. Kinematic Analysis of Volleyball Spike Jump[J]. Int J Sports Med, 2009(10).

[7]Smith D J, Roberts D, Watson B. Physical, Physiological and Performance Differences between Canadian National Team and Universiade Volleyball Players[J]. J Sports Sci, 1992(2).

[8]Ramirez-Campillo R, Andrade D C, Nikolaidis P T, Moran J, Clemente F M, Chaabene H, Comfort P. Effects of Plyometric Jump Training on Vertical Jump Height of Volleyball Players: a Systematic Review with Meta-analysis of Randomized-controlled Trial[J]. J Sports Sci Med, 2020(3).

[9]Sattler T, Sekulic D, Hadzic V, Dervisevic E, et al. Vertical Jumping Tests in Volleyball: Reliability, Validity and Playing-position Specifics[J]. J Strength Cond Res, 2012(6).

[10]Ramirez-Campillo R, García de Alcaraz A, Chaabene H, Moran J, Negra Y, Granacher U. Effects of Plyometric Jump Training on Physical Fitness in Amateur and Professional Volleyball: a Meta-analysis[J]. Front Physiol, 2021.

[11]García de Alcaraz A, Ramírez-Campillo R, Rivera-Rodríguez M, Romero-Moraleda B. Analysis of Jump Load during a Volleyball Season in Terms of Player Role[J]. J Sci Med Sport, 2020(10).

[12]Silva A F, Clemente F M, Lima R, Nikolaidis P T, Rosemann T, Knechtle B. The Effect of Plyometric Training in Volleyball Players: a Systematic Review[J]. Int J Environ Res Public Health, 2019(16).

[13]Ebben W P, Blackard D O. Strength and Conditioning Practices of National Football League Strength and Conditioning Coaches[J]. J Strength Cond Res, 2001(1).

[14]Ebben W P, Carroll R M, Simenz C J. Strength and Conditioning Practices of National Hockey League Strength and Conditioning Coaches[J]. J Strength Cond Res, 2004(4).

[15]Blagrove R C, Brown N, Howatson G, Hayes P R. Strength and Conditioning Habits of Competitive Distance Runners[J]. J Strength Cond Res, 2020(5).

[16]de Villarreal E S, Kellis E, Kraemer W J, Izquierdo M. Determining Variables of Plyometric Training for Improving Vertical Jump Height Performance: a Meta-analysis[J]. J Strength Cond Res, 2009(2).

[17]Alipasali F, Papadopoulou S D, Gissis I, Komsis G, Komsis S, Kyranoudis A, Knechtle B, Nikolaidis P T. The Effect of Static and Dynamic Stretching Exercises on Sprint Ability of Recreational Male Volleyball Players[J]. Int J Environ Res Public Health, 2019(16).

[18]Ramirez-Campillo R, García-de-Alcaraz A, Chaabene H, Moran J, Negra Y, Granacher U. Effects of Plyometric Jump Training on Physical Fitness in Amateur and Professional Volleyball: a Meta-analysis[J]. Front Physiol, 2021.

[19]Gjinovci B, Idrizovic K, Uljevic O, Sekulic D. Plyometric Training Improves Sprinting, Jumping and Throwing Capacities of High Level Female Volleyball Players Better than Skill-based Conditioning[J]. J Sports Sci Med, 2017(4).

[20]Palao J M, Manzanares P, Valadés D. Anthropometric, Physical and Age Differences by the Player Position and the Performance Level in Volleyball[J]. J Hum Kinet, 2014.

[21]Silva A F, Clemente F M, Lima R, Nikolaidis P T, Rosemann T, Knechtle B. The Effect of Plyometric Training in Volleyball Players: a Systematic Review[J]. Int J Environ Res Public Health, 2019(16).

[22]Idrizovic K, Gjinovci B, Sekulic D, Uljevic O, João P V, Spasic M, Sattler T. The Effects of 3-month Skill-based and Plyometric Conditioning on Fitness Parameters in Junior Female Volleyball Players[J]. Pediatr Exerc Sci, 2018(3).

[23]Myer G D, Ford K R, McLean S G, Hewett T E. The Effects of Plyometric Versus Dynamic Stabilization and Balance Training on Lower Extremity Biomechanics[J]. Am J Sports Med, 2006(3).

[24]Gjinovci B, Idrizovic K, Uljevic O, Sekulic D. Plyometric Training Improves Sprinting, Jumping and Throwing Capacities of High Level Female Volleyball Players Better than Skill-based Conditioning[J]. J Sports Sci Med, 2017(4).

[25]Bedoya A A, Miltenberger M R, Lopez R M. Plyometric Training Effects on Athletic Performance in Youth Soccer Athletes: a Systematic Review[J]. J Strength Cond Res, 2015(8).

[26]Stojanović E, Ristić V, McMaster D T, Milanović Z. Effect of Plyometric Training on Vertical Jump Performance in Female Athletes: a Systematic Review and Meta-analysis[J]. Sports Med, 2017(5).

[27]Yoo J H, Lim B O, Ha M, Lee S W, Oh S J, Lee Y S, Kim J G. A Meta-analysis of the Effect of Neuromuscular Training on the Prevention of the Anterior Cruciate Ligament Injury in Female Athletes[J]. Knee Surg Sports Traumatol Arthrosc, 2010(6).

[28]Markovic G. Does Plyometric Training Improve Vertical Jump Height? a Meta-analytical Review[J]. Br J Sports Med, 2007(6).

[29]Peitz M, Behringer M, Granacher U. A Systematic Review on the Effects of Resistance and Plyometric Training on Physical Fitness in Youth — What Do Comparative Studies Tell Us?[J]. PLOS One, 2018(10).

[30]Pereira A, Costa A M, Santos P, Figueiredo T, João P V. Training Strategy of Explosive Strength in Young Female Volleyball Players[J]. Medicina(Kaunas), 2015(2).

[31]O'Sullivan K, McAuliffe S, Deburca N. The Effects of Eccentric Training on Lower Limb Flexibility: a Systematic Review[J]. Br J Sports Med, 2012(12).

[32]Sheppard J M, Young W B. Agility Literature Review: Classifications, Training and Testing[J]. J Sports Sci, 2006(9).

[33]Meylan C M, Cronin J B, Oliver J L, Hopkins W G, Contreras B. The Effect of Maturation on Adaptations to Strength Training and Detraining in 11-15-year-olds[J]. Scand J Med Sci Sports, 2014(3).

[34]Young W, McLean B, Ardagna J. Relationship between Strength Qualities and Sprinting Performance[J]. J Sports Med Phys Fitness, 1995(1).

[35]Voelzke M, Stutzig N, Thorhauer H A, Granacher U. Promoting Lower Extremity Strength in Elite Volleyball Players: Effects of Two Combined Training Methods[J]. J Sci Med Sport, 2012(5).

[36]Swanik K A, Thomas S J, Struminger A H, Bliven K C, Kelly J D, Swanik C B. The Effect of Shoulder Plyometric Training on Amortization Time and Upper-extremity Kinematics[J]. J Sport Rehabil, 2016(4).

[37]Sattler T, Hadžić V, Derviševič E, Markovic G. Vertical Jump Performance of Professional Male and Female Volleyball Players: Effects of Playing Position and Competition Level[J]. J Strength Cond Res, 2015(6).

[38]Ronnestad B R, Kvamme N H, Sunde A, Raastad T. Short-term Effects of Strength and Plyometric Training on Sprint and Jump Performance in Professional Soccer Players[J]. J Strength Cond Res, 2008(3).

[39]Marques M C, Tillaar R V, Vescovi J D, González-Badillo J J. Changes in Strength and Power Performance in Elite Senior Female Professional Volleyball Players during the in-season: a Case Study[J]. J Strength Cond Res, 2008(4).

[40]Lehnert M, Sigmund M, Lipinska P, Vařeková R, Hroch M, Xaverová Z, Stastny P, Háp P, Zmijewski P. Training-induced Changes in Physical Performance Can be Achieved without Body Mass Reduction after Eight Week of Strength and Injury Prevention Oriented Programme in Volleyball Female Players[J]. Biol Sport, 2017(2).

[41]Kim Y Y, Park S E. Comparison of Whole-body Vibration Exercise and Plyometric Exercise to Improve Isokinetic Muscular Strength, Jumping Performance and Balance of Female Volleyball Players[J]. J Phys Ther Sci, 2016(11).

[42]Gabbett T, Georgieff B, Anderson S, Cotton B, Savovic D, Nicholson L. Changes in Skill and Physical Fitness Following Training in Talent-identified Volleyball Players[J]. J Strength Cond Res, 2006(1).

第五章　橄榄球项目的快速伸缩复合训练方法

第一节　橄榄球运动的项目特征

橄榄球是一项接触性高、充满活力的运动，运动员需要做到将力量、速度、敏捷性、耐力和特定的运动能力结合。因此，面向橄榄球运动员的快速伸缩复合训练可以更准确地针对其身体的各个方面，以最大限度地发展所需的运动技能。与其他运动类似，身体素质在橄榄球运动员的准备阶段和后续表现中起着重要作用。

一、橄榄球运动快速伸缩复合训练的需求

橄榄球是一项对体力要求很高且复杂的团队运动，它强调跳跃、奔跑速度和投球，要求所有位置的运动员都表现出快速制动、转向、加速等能力。此外，还需要运动员具备较强的最大力量，以便在比赛过程中进行击球、阻挡、推球、持球等。因此，完成这些动作并在橄榄球比赛中取得成功，运动员需要拥有较强的最大力量、肌肉力量及较强的有氧能力。从这个意义上说，必须发展运动员特定的身体能力，包括爆发力和下半身力量。大多数研究表明，快速伸缩复合训练在橄榄球项目中能产生有益的训练效果。在橄榄球运动员的体能训练中广泛采用快速伸缩复合训练，主要

是因为这种类型的训练能够对力量、跳跃和冲刺表现产生积极的影响。此外，这种训练方法将拉长—缩短周期作为一种有效的神经肌肉刺激，通常采用自重（垂直和水平）跳跃练习，不需要大型场所或昂贵的设备。

二、不同位置的训练特征

橄榄球是一项充满激情、能够体现出较多的协作精神的运动，不同位置的运动员在比赛中扮演不同的角色，具有不同的特点，因而其身体训练存在差异性。

四分卫是场上的队长，确定攻防战术并组织进攻和防守。四分卫总是站在中卫的身后，并通过快速传递从中卫手中得球，可以选择将球交递或传给队友，但不能进攻。在训练中应强调旋转加速能力、动作速度、移动灵敏性和动作灵敏性。

中卫快速将球传递给四分卫，或者通过射球将球传给四分卫。中卫将球传给四分卫后，可以进行跑动接球。在训练中应强调动作速度、移动灵敏性、动作灵敏性和加速能力。

外接手负责接四分卫的传球并持球跑动，也可以通过交递的方式得球。攻方最多可以有三名外接手。在训练中强调加速能力、最大速度、平衡性、动作灵敏性和柔韧性。

跑锋站在四分卫的身后或者身旁，负责接四分卫的交递球并持球跑动，也可以像外接手一样接四分卫的传球，是队里速度最快的。在训练中强调反应力量、加速能力、最大速度、平衡性、反应速度、移动灵敏性和动作灵敏性。

所有的防守队员都是守卫。守卫负责阻止攻方球员的进攻，进行阻截以获得球权。当攻方持球跑动时，守卫通过拉掉持球球员的腰旗来阻止他的进攻。

三、橄榄球运动快速伸缩复合训练的应用

Ramírez-Campillo R等学者研究表明，对于年轻而能力较强的男性橄榄球运动员（n=11；年龄为23.5±0.9岁，身高为173.0±4.8cm），采用等速测量和深蹲跳、垂直纵跳训练对力量发展产生了积极影响。Watkins C M等学者对男性橄榄球运动员（体重为102.6±16.4kg，身高为183.9±6.9cm，年龄=19.8±2.2岁）进行了为期3周的快速伸缩复合训练，重点是进行垂直和水平运动，每次进行40—60次地面接触，可有效改善其直线速度力量—速度曲线，提高其短跑成绩。Palma-Muñoz I等认为，经过快速伸缩复合训练，肌体可以对力量—时间曲线和三角肌肌纤维产生积极的生理适应。在de Villarreal E S等的一项研究中，与中训练量（每周840跳）和高训练量（每周1680跳）相比，低量（每周420跳）的快速伸缩复合训练足以有效提高速度。Argus等认为，橄榄球运动员在进行快速伸缩复合训练时，每周对每个主要肌肉群进行2次训练足以保持肌肉力量，但在竞争激烈的比赛季，通常需要进行超过2次的训练来达到增强肌肉力量的目的。

综上所述，快速伸缩复合训练已被证实可以提高运动员的力量、跳跃高度、快速变向、冲刺等能力。训练的数量和强度是提高橄榄球运动员在比赛季的表现主要因素，对于训练状态较好、训练时间较长的运动员，往往需要更具体的训练，以提高运动表现。

第二节 橄榄球项目的技术动作特征

一、橄榄球技术

根据比赛的要求和常用的动作方法，橄榄球技术可分为个人技术和团队技术。

个人技术主要包括传球、接球、踢球、扑搂、持球跑、倒地救球等。（1）传球技术包括传不转球、传旋转球、前扑和鱼跃式传球、掷式传球。（2）接球技术包括接一般传球、接高空球、接地滚或地上反弹起的球、在接争边球时接掷来的球。（3）踢球技术包括碰踢、定踢、落地反弹踢、盘带球等。（4）主要跑动技巧包括侧步跑、绕跑、改变步伐跑等。（5）为了有效阻挡对方的攻势，变对方球权为我方球权，最有效的防守动作就是扑搂。根据规则，当持球进攻人被防守人捉住，单膝或双膝着地，或者坐在地上，即算扑搂成功，持球的人必须放开球。根据攻防运动员跑动的位置、方向、角度、姿势，扑搂动作可分为侧面、背后和正面扑搂。

团队技术主要包括正集团争球、争边球、冒尔、拉克。（1）正集团争球：每队一般由 8 名前锋按位置组合夹扎后顶架对抗。夹扎时，第一排中间人双臂环绕抓紧两侧支柱球员背的侧部，两侧支柱球员用内侧单手抓紧中间球员腰的上部，三人平行站立拉紧，屈曲身体与对方前排形成楔形插头顶肩接触，未投进球时，降低重心呈稳定对峙状态。3 人、5 人、8 人进行司克兰时，双腿深度屈曲，重心降低，抬头，挺腰，双臂低于肩，进行顶推时要水平向前用力，不要向下或向上用力。每场比赛有 20—30 次正集团争球，因此，正集团争球技术的优劣对获得球权的多少具有很大的影响。（2）争边球：投球一方要将球投向两队队列 1m 间隔的中间。投球的方式较多，运用时要根据双方的情况、场上形势的变化灵活地选择，突出某一点、某一球员的作用获得球权，以发挥团体协作的作用，发动进攻。
（3）冒尔：持球球员进攻时，如遇不能突破防守或无法传出球的情况，要用肩顶住对方防守人，前后脚大开立向前推挤，坚持到有队友前来支援。
（4）拉克：同冒尔攻防参与的形式相似。区别在于：乱集团中将球拿在手上进行争夺为"冒尔"；当球在地上，不能用手触球，只能用脚拨动球并推挤对方，使球从人堆中显露的乱集团争球为"拉克"。在现代橄榄球比赛中，由于规则的改变，常遇群体争球的情况，拉克技术的使用率在90%以上。

二、橄榄球项目的益处

（一）有效改善呼吸系统的功能

橄榄球运动集跑步和其他腿部运动于一身，可以增加呼吸的深度，从而吸进更多的氧气，排出更多的二氧化碳，使肺活量增大，肺功能增强。

（二）强化腿部的骨骼

橄榄球是训练腿部的最佳运动。不断运动腿部促进了新陈代谢，骨的血液供给得到了改善，骨的形态结构和机能也都发生了良好的变化，骨密质增厚，使骨变粗，骨小梁的排列由于压力和拉力不同，更加整齐而有规律，骨表面肌肉附着的突起更加明显。这些变化使骨变得更加粗壮而坚固，从而增强了骨的抗折、抗弯、抗压缩和抗扭转方面的功能。

（三）可有效地延年益寿

一项持续十年的研究显示，不运动的人比经常进行橄榄球等运动的人早逝的可能性大42.5%。原因是身体不运动，便会加快多处衰老，甚至会未老先衰。不运动的人对癌症、心脏病等的抵抗力也比进行橄榄球等运动的人差。

三、橄榄球技术训练与运动生理学的关系

（一）有氧能力

有氧能力是取得集体性项目比赛胜利的重要因素之一，它有助于在冲刺后进行恢复与补充磷酸肌酸。有氧能力也有助于改善高强度运动后的恢复情况，因此对每天多场比赛、连续几天比赛，且赛间恢复时间为1—3h的七人制橄榄球项目具有十分重要的作用。七人制橄榄球运动员的最大摄氧量水平低于其他集体性球类项目，如足球、曲棍球等的运动员。据报道，男子七人制橄榄球运动员的绝对最大摄氧量为 4.81±0.49L/min，比十五人制前锋低10%；而相对最大摄氧量为53.80±3.40ml/kg·min，相当于或高于十五人制运动员。也有研究报道，国际级男子七人制橄榄球运动员的相对最大摄氧量为51.60±3.70ml/kg·min。我国优秀男子七人制橄榄球运动员的相对最大摄氧量为53.38±8.29ml/kg·min，与国外运动员基本一致。

（二）无氧能力

集体性项目比赛中的主要供能系统是无氧供能。据报道，出于更高的比赛跑动需求，特别是在比赛中很多活动处于高强度活动区间，七人制橄榄球运动员的赛后血乳酸浓度高于十五人制运动员。国际级男子七人制橄榄球运动员比赛结束后的血乳酸值为11.2±1.4mmol/L，而十五人制运动员的赛后血乳酸值只有2.8±1.6mmol/L。糖酵解供能能力是影响七人制运动员比赛中跑动能力的关键因素之一。

第三节　橄榄球项目的快速伸缩复合训练方法[①]

一、上肢快速伸缩复合训练

1. 直立姿侧抛壁球

动作说明：

保持身体直立，侧对墙壁，身体与墙壁保持0.6—1.2m的距离，双手持球于腹前；向后方旋转身体，将球拉至髋部后方，通过髋部发力，带动躯干、肩部、手臂，把动力传到球上，尽可能用最大力量快速将球扔向墙壁；接球时，双臂微屈，一只手在球下方，另一只手在球后方，回到起始姿势。重复规定动作。对侧亦然。（见图5-1）

动作要求：

（1）通过屈髋、屈膝增大动作的幅度，增强扔球的力量，提高出手速度。（2）髋部发力扔球，球被扔向墙壁时运动轨迹呈一条直线。（3）始终保持标准的姿势，背部平直，腹部收紧。（4）动作连贯，没有停顿。

---

① 本章动作示范：汪善伟。

图 5-1

动作进阶1：跪姿侧抛壁球

动作说明：

保持分腿跪姿，动作同直立姿侧抛壁球。（见图5-2）

动作要求：

（1）通过屈髋、屈膝增大动作的幅度，增强扔球的力量，提高出手速度。（2）髋部发力扔球，球被扔向墙壁时运动轨迹呈一条直线。（3）始终保持标准的姿势，背部平直，腹部收紧。（4）动作连贯，没有停顿。

图 5-2

动作进阶2：单腿站姿侧抛壁球

动作说明：

保持单腿站姿，动作同直立姿侧抛壁球。（见图5-3）

动作要求：

（1）通过屈髋、屈膝增大动作的幅度，增强扔球的力量，提高出手速度。（2）髋部发力扔球，球被扔向墙壁时运动轨迹呈一条直线。（3）始终保持标准的姿势，背部平直，腹部收紧。（4）动作连贯，没有停顿。

图 5-3

动作进阶3：直立姿上抛壁球

动作说明：

保持身体直立；双臂带动肩部发力，把动力传到球上，尽可能用最大力量快速将球向上抛出。（见图5-4）

动作要求：

（1）增强扔球的力量，提高出手速度。（2）始终保持标准的姿势，背部平直，腹部收紧。（3）动作连贯，没有停顿。

图 5-4

2. 推负重袋

动作说明：

面向负重袋双腿半分开站立，保持双脚静止不动；对着负重袋的手位于接近胸部的高度，保持手指向上，肘部贴近身体，手臂屈曲；躯干发力，尽可能快速地将负重袋推开；完全伸展手臂和肩部，张开手，抓住回弹的负重袋，在负重袋恢复到起始位置时，再次将之向前推。换另一侧重复动作。（见图5-5）

动作要求：

（1）在整个训练过程中保持相同的姿势。（2）强调快速和爆发力。（3）通过躯干、手臂和肩部肌肉缓冲冲力。

图 5-5

动作进阶 1：单脚非稳定推负重袋

动作说明：

双脚踩在平衡盘上，保持非稳定姿势，动作同推负重袋。换另一侧重复动作。（见图 5-6）

动作要求：

（1）保持身体稳定，背部平直，腹部收紧。（2）强调快速和爆发力。

图 5-6

动作进阶 2：击打负重袋

动作说明：

面向负重袋，保持身体直立，双脚间距比肩稍宽，前臂放在负重袋一侧，接近胸部高度；扭转腰部，伸展手臂，以前臂推负重袋；以开始时的手臂接住回弹的负重袋，以开始时推袋子的肌肉群缓冲负重袋的冲力。朝相反方向爆发式重复施力。（见图 5-7）

动作要求：

跟进动作，并且每次推负重袋时都转动腰部。

图 5-7

动作进阶 3：非稳定击打负重袋

动作说明：

双脚踩在平衡盘上，保持非稳定姿势，动作同击打负重袋。(见图 5-8)

动作要求：

(1) 保持身体稳定，背部平直，腹部收紧。(2) 跟进动作，并且每次推负重袋时都转动腰部。

图 5-8

3. 推墙俯卧撑

动作说明：

在距离墙一大步的位置保持站姿，双臂伸直，双手触墙，拇指向内，其余手指向上；双臂屈曲，身体倾斜并靠近墙；双臂伸展，使身体被推回起始位置或者更远的位置。（见图5-9）

动作要求：

（1）保持身体稳定，背部平直，腹部收紧。（2）以最短的时间完成最大限度的伸展。（3）动作连贯，没有停顿。

图 5-9

动作进阶1：单腿站姿推墙俯卧撑

动作说明：

保持单腿站姿，动作同推墙俯卧撑。（见图5-10）

动作要求：

（1）保持身体稳定，背部平直，腹部收紧。（2）动作连贯，没有停顿。

图 5-10

动作进阶2：双腿非稳定推墙俯卧撑

动作说明：

双脚踩在平衡盘上，保持非稳定姿势，动作同推墙俯卧撑。（见图5-11）

动作要求：

（1）保持身体稳定，背部平直，腹部收紧。（2）动作连贯，没有停顿。

图 5-11

动作进阶3：单腿非稳定推墙俯卧撑

动作说明：

单脚踩在平衡盘上，保持非稳定姿势，动作同单腿站姿推墙俯卧撑。（见图5-12）

动作要求：

（1）保持身体稳定，背部平直，腹部收紧。（2）动作连贯，没有停顿。

图 5-12

4. 站姿双臂过顶抛球

动作说明：

双脚开立，保持身体重心稳定，双手持一个重量为2.5—4.0kg的实心球于头顶；双腿屈曲，髋关节发力带动身体向前摆动，在空中以跟进动作完成抛球。（见图5-13）

动作要求：

该动作强调髋关节的摆动，双脚必须在接近于离开的位置着地。

图 5-13

动作进阶1：单腿站姿双臂过顶抛球

动作说明：

保持单腿站姿，动作同站姿双臂过顶抛球。（见图5-14）

动作要求：

保持身体稳定，背部平直，腹部收紧。

图 5-14

动作进阶2：非稳定站姿双臂过顶抛球

动作说明：

双脚踩在平衡盘上，保持非稳定姿势，动作同站姿双臂过顶抛球。（见图5-15）

动作要求：

保持身体稳定，背部平直，腹部收紧。

图 5-15

动作进阶3：瑞士球跪姿双臂过顶抛球

动作说明：

跪在瑞士球上，动作同站姿双臂过顶抛球。（见图5-16）

动作要求：

保持身体稳定，背部平直，腹部收紧。

图 5-16

二、下肢快速伸缩复合训练

1. 火箭式跳跃

动作说明：

双脚开立，间距与肩同宽；双臂屈曲，贴近身体；双腿屈曲，向下半蹲；尽可能高地用力向上起跳，垂直伸展身体；在身体下落的过程中双腿屈曲，在着地之前回到起始姿势。（见图 5-17）

动作要求：

（1）下肢带动上肢伸展发力。（2）动作连贯，没有停顿。

图 5-17

动作进阶1：单腿火箭式跳跃

动作说明：

保持单腿站姿，动作同火箭式跳跃。（见图5-18）

动作要求：

（1）下肢带动上肢伸展发力。（2）动作连贯，没有停顿。

图 5-18

动作进阶2：BOSU球·火箭式跳跃

动作说明：

双脚踩在BOSU球上，保持非稳定姿势，动作同火箭式跳跃。（见图5-19）

动作要求：

保持身体稳定，背部平直，腹部收紧。

图 5-19

动作进阶3：单腿非稳定火箭式跳跃

动作说明：

单脚踩在平衡盘上，保持非稳定姿势，动作同单腿火箭式跳跃。（见图5-20）

动作要求：

保持身体稳定，背部平直，腹部收紧。

图 5-20

2. 侧向交换跳

动作说明：

双脚开立，间距与肩同宽，屈髋、屈膝，双臂自然下垂，保持背部平直；腿部快速收缩并蹬地，向一侧腾空，双臂快速前摆助力，双腿在空中快速换位；双脚着地，双腿屈曲缓冲，双臂自然回摆。完成动作时，便可衔接下一次动作。（见图5-21）

动作要求：

（1）强调距离及水平轨迹。（2）大腿、腹股沟肌肉、髋关节和下背部发力。

图 5-21

动作进阶1：对角线交换跳

动作说明：

以放松的姿势站立，一只脚比另一只脚略微靠前；双臂于身体两侧放松；后面的腿用力推，膝关节向前上方驱动，以便在着地之前尽可能达到最大高度和距离；着地后重复动作。（见图5-22）

动作要求：

（1）保持踝关节背屈姿势，脚后跟向上抬至髋部下方，以缩短与地面接触的时间，并且提高接下来起跳时髋关节移动的效率。（2）随着技能的提高，可以在着地之前增加从一边到另一边的距离，以及向前跳跃的距离。

图 5-22

动作进阶2：哑铃对角线交换跳

动作说明：

双手握哑铃，进行抗阻对角线交换跳。（见图5-23）

动作要求：

保持身体稳定，背部平直，腹部收紧。

图 5-23

动作进阶3：实心球对角线交换跳

动作说明：

双手抱实心球，进行负重对角线交换跳。（见图5-24）

动作要求：

（1）保持身体稳定，背部平直，腹部收紧。（2）动作连贯，没有停顿。

图 5-24

3. 双腿跨越跳

动作说明：

以放松的姿势站立，面向被排成一直排的3—5个间隔约为1m的小栏架，双腿微屈，双臂位于身体两侧；采用快速跳跃方式，通过伸展髋部达到垂直高度；双臂上摆，带动双脚跨越栏架。（见图5-25）

动作要求：

（1）着地时，双脚与地面完全接触，髋关节和双腿微屈。（2）尽可能缩短脚接触地面的时间。

图 5-25

动作进阶1：单腿跨越跳

动作说明：

保持单腿站姿，动作同双腿跨越跳。（见图5-26）

动作要求：

（1）着地时，双脚与地面完全接触，髋关节和跳跃腿微屈。（2）尽可能缩短脚接触地面的时间。（3）保持身体稳定。

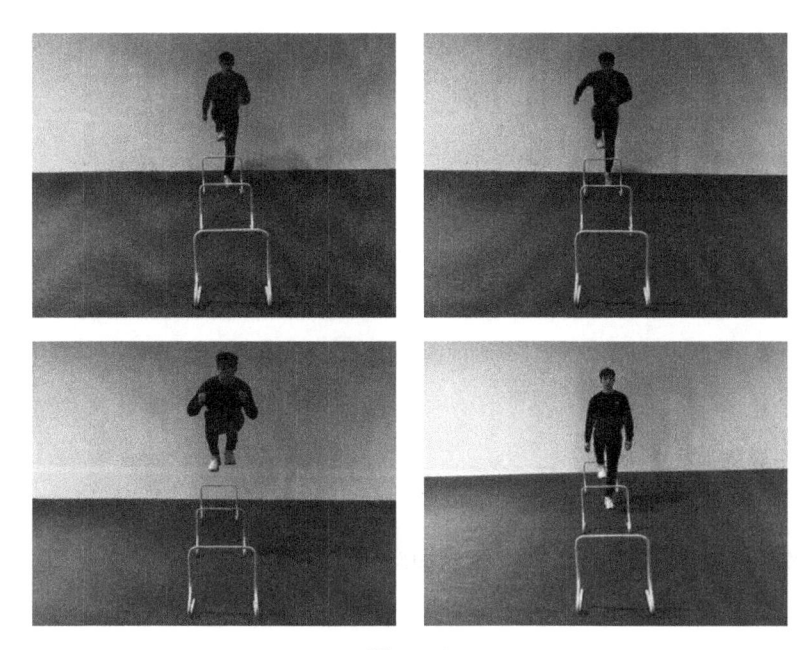

图 5-26

动作进阶2：负重双腿跨越跳

动作说明：

双腿绑沙袋或手握小哑铃，动作同双腿跨越跳。（见图5-27）

动作要求：

（1）着地时，双脚与地面完全接触，髋关节和双腿微屈。（2）尽可能缩短脚接触地面的时间。

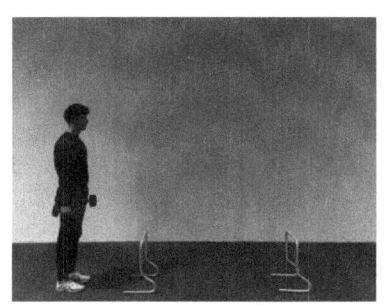

图 5-27

4. 双腿跳跃跳箱

动作说明：

双脚开立，间距与肩同宽，面向跳箱；双臂上摆，带动整个身体跳上跳箱；下落后，双臂再次快速摆动，跳上跳箱。（见图 5-28）

动作要求：

（1）着地时，双脚与地面完全接触，髋关节和双腿微屈。（2）尽可能缩短脚接触地面的时间。（3）随着练习者的熟练，可逐渐增加跳箱高度。

图 5-28

动作进阶1：单腿跳跃跳箱

动作说明：

保持单腿站姿，动作同双腿跳跃跳箱。（见图5-29）

动作要求：

（1）着地时，双脚与地面完全接触，髋关节和跳跃腿微屈。（2）尽可能缩短脚接触地面的时间。（3）保持稳定的单腿半蹲姿势。

图 5-29

动作进阶2：实心球·双腿跳跃跳箱

动作说明：

双手抱实心球，进行负重双腿跳跃跳箱；动作同双腿跳跃跳箱。（见图5-30）

动作要求：

（1）着地时，双脚与地面完全接触，髋关节和双腿微屈。（2）尽可能缩短脚接触地面的时间。

图 5-30

动作进阶3：小哑铃·双腿跳跃跳箱

动作说明：

双手握小哑铃，动作同双腿跳跃跳箱。（见图5-31）

动作要求：

（1）着地时，双脚与地面完全接触，髋关节和双腿微屈。（2）尽可能缩短脚接触地面的时间。

（3）保持身体稳定，背部平直，腹部收紧。

图 5-31

5. 跳深+立定跳

动作说明：

站在跳箱上，保持身体直立，双脚间距与肩同宽，脚尖靠近跳箱边缘；从跳箱上迈下，双脚同时着地；立即尽可能远地向前跳，双脚着地后屈膝缓冲。（见图 5-32）

动作要求：

（1）直接从跳箱上向前迈，不要向上或向下改变重心，因为这些调整都将改变最终跳跃的高度。（2）尽可能缩短脚接触地面的时间。（3）强度随着跳箱高度的增加而增大。跳箱的起始高度约为30cm。

图 5-32

动作进阶1：跳深+连续单腿跳

动作说明：

在跳深+立定跳的基础上连续进行单腿跳。（见图5-33）

动作要求：

（1）动作连贯，没有停顿。（2）尽可能缩短脚接触地面的时间。

图 5-33

动作进阶2：负重跳深+立定跳

动作说明：

双手持哑铃或重物，进行跳深+立定跳。（见图5-34）

动作要求：

（1）动作连贯，没有停顿。（2）尽可能缩短脚接触地面的时间。

图 5-34

动作进阶3：跳深+单腿立定跳

动作说明：

在跳深+立定跳的基础上进行单腿立定跳。（见图5-35）

动作要求：

（1）着地时，双脚与地面完全接触，髋关节和双腿微屈。（2）尽可能缩短脚接触地面的时间。（3）保持身体稳定和单腿半蹲姿势。

图 5-35

6. 跳深+180°单腿跳转

动作说明：

站在跳箱上，保持身体直立，双脚间距与肩同宽，脚尖靠近跳箱边缘；从跳箱上迈下，双脚同时着地；立即进行单腿180°跳转，单脚着地后屈膝缓冲。（见图5-36）

动作要求：

（1）着地时，双脚与地面完全接触，髋关节和双腿微屈。（2）尽可能缩短脚接触地面的时间。（3）保持身体稳定和单腿姿势。（4）强度随着跳箱高度的增加而增大。跳箱的起始高度约为30cm。

图 5-36

动作进阶1：跳深+180°负重跳转

动作说明：

双腿绑沙袋或手握小哑铃，进行跳深+180°双腿跳转。（见图5-37）

动作要求：

（1）动作连贯，没有停顿。（2）尽可能缩短脚接触地面的时间。

图 5-37

动作进阶2：跳深+90°跳转冲刺

动作说明：

在跳深+90°双脚跳转后，立即进行直线加速跑。（见图5-38）

动作要求：

（1）动作连贯，没有停顿。（2）保持身体稳定。

图 5-38

三、躯干快速伸缩复合训练

1. BOSU球平板支撑

动作说明：

双腿并拢，双脚脚尖放在BOSU球上；双臂屈曲，以双肘撑地，保持背部平直。（见图5-39）

动作要求：

（1）保持身体稳定，腹部收紧。（2）强度随着时间的增加而增大，起始时间为20s。

图 5-39

动作进阶1：BOSU球单腿平板支撑

动作说明：

单脚脚尖放在BOSU球上，动作同BOSU球平板支撑。（见图5-40）

动作要求：

保持身体稳定，背部平直，腹部收紧。

图 5-40

动作进阶2：BOSU球单腿单手支撑

动作说明：

单脚脚尖放在BOSU球上；单臂屈曲，以肘撑地。（见图5-41）

动作要求：

保持身体稳定，背部平直，腹部收紧。

图 5-41

2. 单腿胸前快速传实心球

动作说明：

保持单腿站姿，双手持实心球于胸前；躯干发力，带动肩、腕、手指快速将球推出。（见图 5-42）

动作要求：

保持身体稳定，背部平直，腹部收紧。

图 5-42

动作进阶 1：瑞士球坐姿胸前快速传球

动作说明：

坐在瑞士球上，进行胸前快速传球。（见图 5-43）

动作要求：

保持身体稳定，背部平直，腹部收紧。

图 5-43

动作进阶2：瑞士球跪姿胸前快速传球

动作说明：

跪在瑞士球上，进行胸前快速传球。（见图5-44）

动作要求：

保持身体稳定，背部平直，腹部收紧。

图 5-44

3. 站姿单臂抛实心球

动作说明：

双脚开立，间距与肩同宽；用一只手将实心球举至肩外展90°且手臂屈曲90°的位置，快速将球抛出。（见图5-45）

动作要求：

（1）强度随着实心球重量的增加而增大。实心球的起始重量为0.5kg。（2）保持身体稳定，背部平直，腹部收紧。

图 5-45

动作进阶1：平衡盘站姿单臂掷球

动作说明：

双脚踩在平衡盘上，进行单臂掷球。（见图5-46）

动作要求：

保持身体稳定，背部平直，腹部收紧。

图 5-46

动作进阶2：平衡盘单腿站姿单臂掷球

动作说明：

单脚踩在平衡盘上，动作同平衡盘站姿单臂掷球。（见图5-47）

动作要求：

保持身体稳定，背部平直，腹部收紧。

图 5-47

动作进阶3：瑞士球坐姿单臂掷球

动作说明：

坐在瑞士球上，进行单臂掷球。（见图5-48）

动作要求：

保持身体稳定，背部平直，腹部收紧。

图 5-48

动作进阶4：瑞士球跪姿单臂掷球

动作说明：

跪在瑞士球上，动作同瑞士球坐姿单臂掷球。（见图5-49）

动作要求：

保持身体稳定，背部平直，腹部收紧。

图 5-49

参考文献：

[1]Ramírez-Campillo R, Andrade D C, Izquierdo M. Effects of Plyometric Training Volume and Training Surface on Explosive Strength[J]. J Strength Cond Res, 2013(10).

[2]Palma-Muñoz I, Ramírez-Campillo R, Azocar-Gallardo J, Álvarez C, Asadi A, Moran J, Chaabene H. Effects of Progressed and Nonprogressed Volume-based Overload Plyometric Training on Components of Physical Fitness and Body Composition Variables in Youth Male Basketball Players[J]. J Strength Cond Res, 2021(6).

[3]Watkins C M, Gill N D, Maunder E, Downes P, Young J D, McGuigan M R, Storey A G. The Effect of Low-volume Preseason Plyometric Training on Force-velocity Profiles in Semiprofessional Rugby Union Players[J]. J Strength Cond Res, 2021(3).

[4]Kilduff L P, Bevan H R, Kingsley M I, Owen N J, Bennett M A, Bunce P J, Hore A M, Maw J R, Cunningham D J. Postactivation Potentiation in Professional Rugby Players: Optimal Recovery[J]. J Strength Cond Res, 2007(4).

[5]de Villarreal E S, González-Badillo J J, Izquierdo M. Low and Moderate Plyometric Training Frequency Produces Greater Jumping and Sprinting Gains Compared with High Frequency[J]. J Strength Cond Res, 2008(3).

[6]Argus, Christos, Gill, Nicholas, Keogh, Justin W, Hopkins, Will, Beaven, C Martyn1. Changes in Strength, Power and Steroid Hormones during a Professional Rugby Union Competition[J]. Journal of Strength and Conditioning Research, 2009(5).

[7]Bevan, Huw R, Cunningham, Dan J, Tooley, Edward P, Owen, Nick J, Cook, Christian J, Kilduff, Liam P. Influence of Postactivation Potentiation on Sprinting Performance in Professional Rugby Players[J]. Journal of Strength and Conditioning Research, 2010(3).

[8]Comyns T M, Harrison A J, Hennessy L, Jensen R L. Identifying the Optimal Resistive Load for Complex Training in Male Rugby Players[J]. Sports Biomech, 2007(1).

[9]Kilduff, Liam P, Bevan, Huw R, Kingsley, Mike I C, Owen, Nick J, Bennett, Mark A, Bunce, Paul J, Hore, Andrew M, Maw, Jonathan R, Cunningham, Dan J. Postactivation Potentiation in Professional Rugby Players: Optimal Recovery[J]. Journal of Strength and Conditioning Research 2007(4).

[10]Kilduff L P, Owen N, Bevan H, Bennett M, Kingsley M I, Cunningham D. Influence of Recovery Time on Post-activation Potentiation in Professional Rugby Players[J]. J Sports Sci, 2008(8).

[11]Masamoto, Naoto, Larson, Rich, Gates, Todd, Faigenbaum, Avery. Acute Effects of Plyometric Exercise on Maximum Squat Performance in Male

Athletes[J]. Journal of Strength and Conditioning Research, 2003(1).

[12]Baker, Daniel. The Effects of an in-season of Concurrent Training on the Maintenance of Maximal Strength and Power in Professional and College-aged Rugby League Football Players[J]. Journal of Strength and Conditioning Research, 2001(2).

[13]Gabbett, Tim J. Changes in Physiological and Anthropometric Characteristics of Rugby League Players during a Competitive Season[J]. Journal of Strength and Conditioning Research, 2005(2).

[14]Gabbett T J. Science of Rugby League Football: a Review[J]. J Sports Sci, 2005(9).

[15]Gill, Beaven, Cook. Effectiveness of Post-match Recovery Strategies in Rugby Players[J]. British Journal of Sports Medicine, 2006(3).

[16]Crewther B T, Heke T L, Keogh J W. The Effects of a Resistance-training Program on Strength, Body Composition and Baseline Hormones in Male Athletes Training Concurrently for Rugby Union 7's[J]. J Sports Med Phys Fitness, 2013(1).

[17]Gathercole R, Sporer B, Stellingwerff T. Countermovement Jump Performance with Increased Training Loads in Elite Female Rugby Athletes[J]. Int J Sports Med, 2015(9).

[18]Ross A, Gill N, Cronin J, Malcata R. The Relationship between Physical Characteristics and Match Performance in Rugby Sevens[J]. Eur J Sport Sci, 2015(6).

[19]Weakley J J S, Till K, Read D B, Leduc C, Roe G A B, Phibbs P J, Darrall-Jones J, Jones B. Jump Training in Rugby Union Players: Barbell or Hexagonal Bar[J]. J Strength Cond Res, 2021(3).

[20]Meir R, Newton R, Curtis E, Fardell M, Butler B. Physical Fitness Qualities of Professional Rugby League Football Players: Determination of

Positional Differences[J]. J Strength Cond Res, 2001(4).

[21]Gabbett T, Kelly J, Pezet T. A Comparison of Fitness and Skill among Playing Positions in Sub-elite Rugby League Players[J]. J Sci Med Sport, 2008(6).

第六章　乒乓球项目的快速伸缩复合训练方法

第一节　乒乓球运动的项目特征

乒乓球是受大众喜爱的球类运动，这项运动是在长2.70m、宽1.50m、高0.76m的桌子上进行的，每一分的获得都表现为将球送到桌子上对手的一端，使对手无法接球或做出有效的回击。该项目对运动员的力量、敏捷性、警觉性和快速反应能力要求较高，需要他们在桌子一端快速移动接球并进行强有力的回球。根据新规则，球的尺寸的增加和球的材质的改变改变了球的轨迹，增加了比赛的整体持续时间和强度，因此也对运动员的运动能力提出了更高的要求。

一、乒乓球运动快速伸缩复合训练的需求

乒乓球是世界上最受欢迎的运动之一。根据国际体育联合会的一份报告，全球乒乓球参赛人口已超过3亿。打乒乓球被视为一种有利于健康的体育娱乐项目。乒乓球运动自身的特点决定它强调加速、减速、变向、快速移动和平衡，这些因素都有助于运动员产生最佳的击球效果。从事职业乒乓球运动要求运动员具有良好的身体素质，乒乓球教练通过训练积极帮助运动员获得好的竞技状态。为了在这项运动中取得成功，运动员通常被

要求在季前赛中进行高强度训练，作为他们生理准备的一部分。大多数研究表明，快速伸缩复合训练不仅能改善运动员的爆发力、快速变向能力和反应速度，还能提高运动员加减速、快速制动等能力。

二、不同位置的训练特征

站位指乒乓球运动员相对于球台的位置。根据个人的打法特点，每个运动员都有一个习惯的活动空间，这是一个范围，而不是一个点。乒乓球运动员为了方便回击不同落点和特点的来球，在每次击球前，都会根据个人的打法及身体特点，使自己处于一个相对固定的位置，并保持稳定的姿势。比赛中运动员的站位对技战术水平的发挥有直接的影响。

乒乓球比赛时，以台面的中线为界，右侧为正手区域，左侧为反手区域，中线附近则为中间区域。按照距离可以划分为近台、中台、远台：1m以内为近台，1—2m为中台，2m以上为远台。站位与运动员的技术特点、身高、习惯、体态等均有关系。擅长反手推挡和正手拉弧圈球的运动员往往站位稍远并偏中间，擅长正手侧身并且步法好的运动员可站位稍近并略偏左。在球场上，每个人的站位不是固定不变的，应根据当时的情况随时调整。为了更好地符合球场上的站位需求，近台训练应强调挥臂速度、腿部力量、下肢稳定性和快速移动能力，中台训练应强调挥臂速度、腿部力量和身体稳定性，远台训练应强调上肢挥臂能力、腿部力量、下肢控制力，以及快速移动和变向能力。

三、乒乓球运动快速伸缩复合训练的应用

乒乓球是一项强调高度敏捷性和速度的运动。因此下肢爆发力对乒乓球运动员来说非常重要。下肢爆发力水平较低可能影响运动员的速度、力量和战术执行力。快速伸缩复合训练法是一种可以提高下肢爆发力的训练

方法，通过快速收缩和拉长肌肉来增强肌肉的力量，以此增强爆发力。研究发现，在为期4周的训练期间，乒乓球运动员通常进行多次快速伸缩复合训练，每周训练3—4次，每次训练时长为40—60min。通过实验训练，发现受试者的下肢爆发力水平得到了显著提高，提高的幅度接近正常运动员水平的20%。

在比赛中，运动员需要不断移动来创造进攻和防守的机会，所以腿部肌肉力量和核心区肌群力量对运动员来说具有重要的意义。如果运动员腿部肌肉力量不足，核心区肌群力量薄弱，就会直接影响到其进攻和防守的速度，并且对动作质量产生一定的影响。因此，在乒乓球训练中可以采用多种训练方式（如在跑步机上跑步、在椭圆机上练习等），还应该加强对核心区肌群的训练（如跑步、深蹲、硬拉、单腿蹲等），这些训练都可以有效增强运动员的腿部肌肉力量和核心区肌群力量。对乒乓球运动员来说，只有加强腿部力量和核心区肌群力量的训练，才能保证在比赛中拥有较好的竞技状态。快速伸缩复合训练可以有效提高运动员的腿部肌肉力量、核心区肌群力量、爆发力、耐力等素质。

第二节　乒乓球项目的技术动作特征

一、乒乓球技术

乒乓球技术指运动员连续而准确地将球合法地击到对手的台面所采用的各种动作方法的总称。乒乓球运动的特点是范围小、速度快、变化多。由于击球工具具有多样性，产生了很多不同的击球技术；采用不同的击球技术击出的球在弧线、速度、力量、旋转、落点上会发生变化，运动员要根据来球的变化迅速采取有效的还击方式，使球越过网或绕过网落到对手的台面。运动员的任何一个击球动作都能体现出时空顺序、用力方向、路线，并且有其实用的目的。只有在以上几个方面都正确的方法，才能被称为"技术"。因此，正确的技术是由合乎正常人体解剖学特点、运动生物力学原理，以及比赛规则、要求的各种动作组成的。

"判断来球、移动步法、出手击球、动作还原"被称为乒乓球运动员击球的四个基本环节，它们构成了乒乓球技术的框架结构。前一次击球的结束意味着下一次击球的开始，首尾衔接，环环紧扣，构成各种乒乓球技术。

乒乓球技术的概念和特点说明乒乓球技术一般不是由一次击球的单个动作构成的，而是由连续击球的各种动作构成的。乒乓球技术也不是对各种击球动作进行简单重复就能完整地表现出来的。因此，乒乓球技术既不是一种单个动作，也不是一种简单的复合动作，而表现为一种结构复杂的动作链，即大脑支配下的下肢动作、躯干动作与手上动作形成的动作链。

二、乒乓球技术的主要特征

（一）击球工具的多样性

球拍一般分为直拍和横拍。乒乓球运动对球拍的大小、形状和性能没有严格的限制，加上球拍上的胶皮也不尽相同，所以球拍就具有了多样性。例如，底板有含碳和纯木的，用于弧圈加快攻、快攻加弧圈、防弧圈等。胶皮更是多种多样，表现为正胶、反胶、长胶、生胶等形式。这些胶皮不同，打出的球的性能也不同，所以，在发球、接发球、相持中打出的球球路怪异而多变。

（二）技术动作的多样性

乒乓球技术的复杂而多变在于乒乓球轻而小，能制造出各种各样的旋转，这是其他球类运动无法比拟的，发球和接发球都可以制造出很多形式的旋转。从进攻技术上来看，有弧圈球、快攻、挑打、扣杀、快带、快撕、快搓等，从最初的直板推挡发展到直板横打。从控制性技术上来看，有摆短、劈长、推挡、放短球等。从防御性技术上来看，包括运动员抑制对方进攻或减少本方失误所使用的击球技术，如削球、挡球、放高球等。

（三）技术动作的细腻性

在隔网类小球运动项目中，乒乓球技术最为细腻，因为乒乓球项目的特点是球小、台面范围小、球速快、线路和旋转变化多、技巧性强。它不仅对人的神经系统提出了很高的要求，而且要求人体参与运动的各个环节，尤其要求前臂、手腕、手指具有很好的感知觉能力，即我们常说的要有"手感"和"球感"。

（四）竞技能力的个性化

乒乓球的魅力是能够充分体现运动员的个性，同一种打法，一人一种风格。例如，同是直板快攻打法，刘国梁和马琳的运用各有千秋。刘国梁常采用直拍正胶打法，以强调速度、旋转、技巧为主，突出了"快"；马琳的直拍反胶发球形式多变，也体现了正手主动进攻的能力。此外，王皓的直板横打也是他赢得比赛、战胜对手的法宝。可以说，运动员如果没有特长技术，在比赛中就难以制胜。

三、乒乓球技术训练与运动生理学的关系

乒乓球运动所涉及的运动生理层面因素主要包括速度、力量、爆发力、肌肉耐力、协调性、柔韧性、动作频率、心血管系统等，以上某些因素可以通过有氧运动或无氧运动得到改善和提高，比如力量和肌肉耐力。然而，有些影响因素必须经过专门的肌肉训练和无氧运动来实施系统、全面、科学的打造。仅仅依靠有氧运动进行训练远远不能促进体能的全面完善，要牢牢结合运动生理学的相关原理，并依据运动员自身的实际状况科学地进行量身定制式的训练。

运动生理学强调每个运动员在训练和比赛过程中的运动能力，进而

科学地剖析运动员的具体情况，可针对每个运动员"对症下药，开出良方"，进而实现运动员个人能力的最优化，同时提升团体比赛的整体实力。另外，要深入关注运动员的各项生理指数，比如爆发力、协调性、无氧供能、最大血乳酸浓度、核心区肌力、恢复速度等。对这些参数了解得越全面、越深入，反馈的运动员个人信息（健康指标、体能消耗、体能强弱等）就越精细，为后期科学、合理、有序地安排训练奠定坚实的基础，同时，还可有效预测运动员的竞技状态、临场发挥水平、赛后的恢复时间等。

第三节　乒乓球项目的快速伸缩复合训练方法[①]

一、上肢快速伸缩复合训练

1. 自重挥臂

动作说明：

屈髋、屈膝保持半蹲姿势，双脚间距与肩同宽；右臂进行乒乓球正手挥臂练习。（见图6-1）

动作要求：

保持身体稳定、腹部收紧，动作连贯。

---

① 本章动作示范：李正东；搭档：代俊龙。

图 6-1

动作进阶1：弹力带挥臂

动作说明：

将一根弹力带绑在固定位置，右手握弹力带进行乒乓球正手挥臂练习，动作同自重挥臂。（见图6-2）

动作要求：

保持身体稳定、腹部收紧，动作连贯。

图 6-2

动作进阶2：单腿站立弹力带挥臂

动作说明：

保持单腿站姿，右臂进行乒乓球正手挥臂练习，动作同弹力带挥臂。（见图6-3）

动作要求：

保持身体稳定、腹部收紧。

图 6-3

动作进阶3：平衡盘挥臂

动作说明：

双脚踩在平衡盘上，右臂进行乒乓球正手挥臂练习，动作同自重挥臂。（见图6-4）

动作要求：

保持身体稳定、腹部收紧，动作连贯。

图 6-4

2. 落地俯卧撑

动作说明：

保持俯卧撑姿势，身体平直，在分开的平台（如箱子、积木、长椅等）上伸展双臂；从平台上落下，落地时保持正确的姿势，并通过肩部和双肘缓冲落地过程中的冲力；完成2—4组从平台到地面的落地动作，在着地之前进行1次完全伸展的俯卧撑动作；落地后通过爆发式俯卧撑推起整个身体，使躯干和手臂完全离地；将身体和手臂推回平台上。重复这个动作4—8次。（见图6-5）

动作要求：

保持身体稳定，背部平直，腹部收紧。

图 6-5

动作进阶1：双脚踩瑞士球俯卧撑

动作说明：

双脚放在瑞士球上，双手撑地，进行俯卧撑练习。（见图 6-6）

动作要求：

保持身体稳定，背部平直，腹部收紧。

图 6-6

动作进阶2：单脚踩瑞士球俯卧撑

动作说明：

单脚放在瑞士球上，双手撑地，进行俯卧撑练习。（见图 6-7）

动作要求：

保持身体稳定，背部平直，腹部收紧。

图 6-7

动作进阶3：手撑瑞士球俯卧撑

动作说明：

双手放在瑞士球上，双脚撑地，进行俯卧撑练习。（见图6-8）

动作要求：

保持身体稳定、腹部收紧。

图 6-8

3. 杠铃杆胸前臂屈伸

动作说明：

双脚开立，间距与肩同宽；双手握杠铃杆于胸前；双臂进行屈伸。（见图6-9）

动作要求：

（1）保持身体稳定、动作连贯，屈伸速度快。（2）强度随着杠铃片的增加而增大，起始重量为杠铃杆重量。

图 6-9

动作进阶1：单腿杠铃杆胸前臂屈伸

动作说明：

保持单腿站姿，动作同杠铃杆胸前臂屈伸。（见图6-10）

动作要求：

（1）保持身体稳定、腹部收紧，动作连贯，屈伸速度快。（2）强度随着杠铃片的增加而增大，起始重量为杠铃杆重量。

图 6-10

动作进阶2：BOSU球杠铃杆胸前臂屈伸

动作说明：

双脚踩在BOSU球上，动作同杠铃杆胸前臂屈伸。（见图6-11）

动作要求：

（1）保持身体稳定，背部平直，腹部收紧。（2）强度随着杠铃片的增加而增大，起始重量为杠铃杆重量。

图 6-11

动作进阶3：平衡盘杠铃杆胸前臂屈伸

动作说明：

双脚踩在平衡盘上，动作同杠铃杆胸前臂屈伸。（见图6-12）

动作要求：

（1）保持身体稳定，背部平直，腹部收紧。（2）强度随着杠铃片的增加而增大，起始重量为杠铃杆重量。

图 6-12

4. 仰卧双臂过顶抛球

动作说明：

平躺在地面或桌子上，双脚放平，膝盖朝上，双手握住2.5—4.0kg的实心球；通过投掷动作的冲力及向预期方向的胸部爆发力完成仰卧起坐，以便进行传球。（见图6-13）

动作要求：

（1）伸直双臂，放松双肘，以肩关节发力，完成动作。（2）采用胸部引导动作，腕关节屈曲跟进。（3）强度随着实心球重量的增加而增大。

图6-13

动作进阶1：仰卧单臂过顶抛球

动作说明：

单臂进行过顶抛球，动作同仰卧双臂过顶抛球。（见图6-14）

动作要求：

（1）保持头部和背部放松，伸直双臂，放松双肘，以肩关节发力，完成动作。（2）强度随着实心球重量的增加而增大。

图 6-14

动作进阶2：瑞士球仰卧双臂过顶抛球

动作说明：

仰卧在瑞士球上，进行双臂过顶抛球。（见图6-15）

动作要求：

（1）保持身体稳定、动作连贯。（2）强度随着实心球重量的增加而增大。

图 6-15

动作进阶3：瑞士球仰卧单臂过顶抛球

动作说明：

仰卧在瑞士球上，进行单臂过顶抛球。（见图6-16）

动作要求：

（1）保持身体稳定、动作连贯。（2）强度随着实心球重量的增加而增大。

图 6-16

5. 哑铃肩推举

动作说明：

坐在练习凳上，双脚自然打开，以双腿支撑身体，臀部尽量向靠背贴近，腰部收紧，但不要贴住靠背，收腹，挺胸，双手各持一只哑铃，放在大腿上；以大腿将哑铃顶起，将之举到肩部位置、头部两侧，前臂与后臂的夹角为90°；旋转手腕，使掌心向前，肘部向外；将哑铃推起，直至手臂自然伸直，拳眼相对，哑铃不能彼此触碰；在顶端稍作停留，感受肩部的收缩，慢慢回到起始位置。（见图6-17）

动作要求：

（1）保持身体稳定，背部平直，腹部收紧。（2）保持肘关节与肩同高。（3）将哑铃推到最高点时，双臂不要完全伸直，在双臂完全伸直前就停下来，开始下放哑铃。

图 6-17

动作进阶1：杠铃杆肩推举

动作说明：

将哑铃换成杠铃杆，动作同哑铃肩推举。（见图6-18）

动作要求：

（1）保持身体稳定，背部平直，腹部收紧。（2）强度随着杠铃片的增加而增大，起始重量为杠铃杆重量。

图 6-18

动作进阶2：平衡盘杠铃杆肩推举

动作说明：

双脚踩在平衡盘上，动作同杠铃杆肩推举。（见图6-19）

动作要求：

（1）保持身体稳定，背部平直，腹部收紧。（2）强度随着杠铃片的增加而增大，起始重量为杠铃杆重量。

图 6-19

动作进阶3：瑞士球杠铃杆肩推举

动作说明：

坐在瑞士球上，动作同杠铃杆肩推举。（见图6-20）

动作要求：

（1）保持身体稳定，背部平直，腹部收紧。（2）强度随着杠铃片的增加而增大，起始重量为杠铃杆重量。

图 6-20

二、下肢快速伸缩复合训练

1. 单腿抱膝跳

动作说明：

以放松的姿势单腿站立，非跳跃腿始终保持屈膝的固定姿态；爆发式跳起后，膝盖靠近胸部，双手快速抓住膝盖，并在着地前放开；同一条腿回到起始姿势并立即重复动作。短暂休息后，换另一条腿重复动作。（见图 6-21）

动作要求：

保持身体稳定、动作连贯。

图 6-21

动作进阶1：直腿屈体跳

动作说明：

以放松的姿势站立，双脚间距与肩同宽；爆发式跳起，保持双腿并拢并伸直；双腿抬高并向前，以双手触碰脚尖并回到起始姿势。立即重复动作。（见图6-22）

动作要求：

保持身体稳定、腹部收紧，动作连贯。

图 6-22

动作进阶2：双腿纵跳

动作说明：

以放松的姿势站立，双脚间距与肩同宽；以双臂辅助，爆发式跳起；回到起始姿势并重复动作。（见图6-23）

动作要求：

（1）保持身体稳定，背部平直，腹部收紧。（2）两次跳跃之间可以有恢复时间。

图 6-23

动作进阶3：单腿纵跳

动作说明：

以放松的姿势单腿站立，非跳跃腿始终保持屈膝的固定姿态；以双臂辅助，爆发式跳起；同一条腿回到起始姿势并立即重复动作。短暂休息后，换另一条腿重复动作。（见图6-24）

动作要求：

（1）保持身体稳定、动作连贯。（2）两次跳跃之间可以有恢复时间。

图 6-24

2. 双腿"之"字形跳

动作说明：

以放松的姿势站在第一个栏架外侧，双脚间距与肩同宽；双臂于身体两侧屈曲90°；从第一个栏架外侧跳到第二个栏架外侧，保持肩部与所有栏架的中心的假想连线垂直；在第二个栏架外侧着地后立即改变方向，从第二个栏架外侧斜向跳至第三个栏架外侧。重复动作跃过所有栏架。（见图6-25）

动作要求：

（1）在强度较小的训练中，通常将栏架摆成一条直线，并且每次只跳过一个栏架。（2）以"之"字形摆放10个栏架，每两个栏架间距为46—61cm。

图 6-25

动作进阶1：单腿"之"字形跳

动作说明：

以放松的姿势单腿站立，动作同双腿"之"字形跳。（见图6-26）

动作要求：

保持身体稳定、动作连贯。

图 6-26

动作进阶2：负重双腿"之"字形跳

动作说明：

手持小实心球，动作同双腿"之"字形跳。（见图6-27）

动作要求：

保持身体稳定、动作连贯，尽可能缩短脚接触地面的时间。

图 6-27

动作进阶3：负重单腿"之"字形跳

动作说明：

手持小实心球，动作同单腿"之"字形跳。（见图6-28）

动作要求：

保持身体稳定、动作连贯，尽可能缩短脚接触地面的时间。

图 6-28

3. 蹬腿跳

动作说明：

在凳子一侧保持身体直立，将靠近凳子的脚放在凳子上，双臂自然垂于身体两侧；双腿蹬伸，双臂向上摆动，通过内侧脚（放在凳子上的脚）的爆发力，尽可能高地向上跳；外侧腿用力，将膝盖提到最高位置；当外侧脚（远离凳子的脚）接触地面，立刻重复动作。（见图6-29）

动作要求：

（1）主要以内侧腿来提供力量和支撑，外侧腿在最短的时间内以最大的冲力接触地面。（2）以单一反应方式训练，专注于下蹬凳子，以及向上摆动腿和手臂。（3）在每一次跳跃中都努力达到最大高度，同时完全伸展身体。

图 6-29

动作进阶 1：交替蹬腿跳

动作说明：

在凳子一侧保持身体直立，一只脚站在地面上，另一只脚放在凳子上，一只手臂屈曲，另一只手臂自然垂于身体一侧；手臂快速向上摆动，通过蹬伸脚快速蹬离凳子来延续这个向上的冲力，尽可能高地向上跳，完全伸展身体，此时，身体位于凳子上方，并略微靠前，这样，蹬凳子的脚在凳子的另一侧着地，而被牵引脚放在凳子上。一种练习是身体的方向和脚的落位与之前的起始姿势相反，当原来蹬凳子的脚接触地面，就可以重复动作；另一种练习是原来的被牵引腿作为主要的爆发力来源，可在凳子上前后移动重复动作。（见图 6-30）

动作要求：

（1）在每一次跳跃中都努力达到最大高度，同时以手臂辅助提升身体高度。（2）将双脚接触地面和凳子的时间缩至最短，尽可能快地完成动作。

图 6-30

动作进阶2：平衡盘蹬腿跳

动作说明：

原本踩在地面上的一只脚踩在平衡盘上，动作同蹬腿跳。（见图6-31）

动作要求：

保持身体稳定，背部平直，腹部收紧；动作连贯。

图 6-31

动作进阶3：哑铃蹬腿跳

动作说明：

双手握哑铃，动作同蹬腿跳。（见图6-32）

动作要求：

保持身体稳定，背部平直，腹部收紧；动作连贯。

图 6-32

4. 箱式垫步跳

动作说明：

将跳箱以任意顺序排放，间距为1.8—3.0m；面向跳箱，在距离第一个跳箱两步的位置保持身体直立，一只脚比另一只脚略微靠前，双臂自然垂于身体两侧；后面的腿驱动，髋部发力，尽可能高地向上跳；手臂上摆，向上驱动膝关节，帮助推进腿爆发性伸展，跳上跳箱，立即带动另一条腿向前、向上跳出最大高度及距离；通过这个动作的冲力，在第一个跳箱上着地的脚落在第一个跳箱和第二个跳箱中间，通过垫步跳等动作踏上第二个跳箱。在剩下的跳箱上重复动作。（见图6-33）

动作要求：

集中注意力，以最大力量快速驱动膝关节，将身体推离地面，以便达到最长的起跳距离和滞空时间。

图 6-33

动作进阶1：箱式交换跳

动作说明：

根据自身的能力和技巧，以放松的姿势在距离一系列跳箱 2—3 步的位置保持身体直立，一只脚比另一只脚略微靠前，双臂自然垂于身体两侧；后面的腿用力推，向前上方驱动膝关节，以便跳出最大高度和距离；着地后像交换跳一样以另一条腿重复动作，不一样的是每次迈步都从跳箱上开始。（见图6-34）

动作要求：

（1）保持身体直立，注意着地动作和脚的位置，髋部快速向前方驱动。（2）避免过度跨步或髋部偏离跳箱的着地动作。

图 6-34

动作进阶2：哑铃箱式垫步跳

动作说明：

手握小哑铃，动作同箱式垫步跳。（见图6-35）

动作要求：

（1）保持身体稳定、动作连贯。（2）强度随着哑铃重量的增加而增大，根据需要选择起始重量。

图 6-35

动作进阶3：哑铃箱式交换跳

动作说明：

手握小哑铃，动作同箱式交换跳。（见图6-36）

动作要求：

（1）保持身体稳定、动作连贯。（2）强度随着哑铃重量的增加而增大，根据需要选择起始重量。

图 6-36

5. 跳深90°+横向跳栏架

动作说明：

站在跳箱上，保持身体直立，双脚间距与肩同宽，脚尖靠近跳箱边缘；从跳箱上进行90°度跳转，双脚同时着地；屈膝缓冲，立即进行横向双脚跳栏架。（见图6-37）

动作要求：

（1）着地时，双脚完全接触地面，髋关节和双腿微屈。（2）尽可能缩短脚接触地面的时间。（3）强度随着跳箱高度和栏架间距的增加而增大。跳箱的起始高度约为30cm，每两个栏架的间距为46—61cm。

图 6-37

动作进阶1：跳深180°＋背向跳栏架

动作说明：

从跳箱上进行180°跳转，立即进行背向双脚跳栏架。（见图6-38）

动作要求：

保持注意力集中、动作连贯，尽可能缩短脚接触地面的时间。

图 6-38

动作进阶2：跳深360°＋纵向跳栏架

动作说明：

从跳箱上进行360°跳转，立即进行纵向双脚跳栏架。（见图6-39）

动作要求：

保持注意力集中、动作连贯，尽可能缩短脚接触地面的时间。

图 6-39

动作进阶 3：跳深 90°＋单脚横向跳栏架

动作说明：

从跳箱上进行 90°跳转，立即进行横向单脚跳栏架，动作同跳深 90°＋横向跳栏架。（见图 6-40）

动作要求：

保持身体稳定、注意力集中、动作连贯，尽可能缩短脚接触地面的时间。

图 6-40

6. 杠铃杆高抬腿

动作说明：

双脚开立，间距与肩同宽，将杠铃放于颈后部，进行高抬腿。（见图 6-41）

动作要求：

（1）保持身体稳定，背部平直，腹部收紧。（2）双腿尽可能抬高，尽可能缩短脚接触地面的时间。

图 6-41

动作进阶 1：杠铃杆交换跳

动作说明：

双腿前后开立，将杠铃杆放于颈后部，进行弓步交换跳。（见图

6-42）

动作要求：

（1）保持身体稳定，背部平直，腹部收紧。（2）尽可能缩短脚接触地面的时间。

图 6-42

动作进阶2：杠铃杆双脚提踵

动作说明：

保持身体直立，将杠铃杆放于颈后部，进行双脚提踵练习。（见图 6-43）

动作要求：

保持身体稳定，背部平直，腹部收紧；动作连贯。

图 6-43

动作进阶3：杠铃杆单脚提膝

动作说明：

保持身体直立，将杠铃杆放于颈后部，进行单腿提膝。（见图6-44）

动作要求：

（1）保持身体稳定，背部平直，腹部收紧；动作连贯。（2）大腿上抬，尽量与地面平行。

图 6-44

三、躯干快速伸缩复合训练

1. 壶铃上下传递

动作说明：

练习者双脚开立，间距与肩同宽，双腿微屈，双脚平放，背对搭档；伸长手臂，挺胸，收臀，在头顶和双腿之间与搭档来回传壶铃。（见图6-45）

动作要求：

（1）背部平直，腹部收紧。（2）壶铃重量为2—7kg。

图 6-45

动作进阶1：单腿壶铃90°扭转

动作说明：

练习者保持单腿站姿，背对搭档；伸长手臂，挺胸，收臀，转身从一侧将壶铃传递给搭档。搭档向另一侧转身并接住壶铃。（见图6-46）

动作要求：

（1）保持身体稳定，背部平直，腹部收紧。（2）髋关节保持放松状态，转动肩部，以便传接。

图 6-46

动作进阶2：平衡盘壶铃上下传递

动作说明：

练习者和搭档双脚踩在平衡盘上，动作同壶铃上下传递。（见图6-47）

动作要求：

保持身体稳定，背部平直，腹部收紧。

图 6-47

动作进阶3：BOSU球壶铃上下传递

动作说明：

练习者和搭档双脚踩在BOSU球上，动作同壶铃上下传递。（见图6-48）

动作要求：

保持身体稳定，背部平直，腹部收紧。

图 6-48

2. 实心球转体 90°

动作说明：

练习者双脚开立，间距与肩同宽，双腿微屈，双脚平放，背对搭档；伸长手臂，挺胸，收臀，转身从一侧将实心球传递给搭档。搭档向另一侧转身并接住球。（见图 6-49）

动作要求：

（1）保持身体稳定，背部平直，腹部收紧。（2）髋关节保持放松状态，转动肩部，以便传接，在整个转动过程中强调姿态和柔韧性。（3）实心球重量为 2 — 7kg。

图 6-49

动作进阶1：实心球转体180°

动作说明：

动作同实心球转体90°。（见图6-50）

动作要求：

（1）搭档必须转向相反方向。（2）在整个转动过程中强调姿态和柔韧性。

图 6-50

动作进阶2：BOSU球实心球转体90°

动作说明：

练习者和搭档双脚踩在BOSU球上，动作同实心球转体90°。（见图6-51）

动作要求：

保持身体稳定、动作连贯。

图 6-51

动作进阶3：瑞士球坐姿实心球转体90°

动作说明：

练习者和搭档坐在瑞士球上，动作同实心球转体90°。（见图6-52）

动作要求：

保持身体稳定，背部平直，腹部收紧；动作连贯。

图 6-52

3. 扭转抛投

动作说明：

双脚开立，间距比肩稍宽，双腿屈曲；紧挨着身体抱球并将之抬至腰

部水平位置；快速向与投球方向相反的方向扭转躯干，在躯干扭转到最大限度时，将球侧向抛出。（见图6-53）

动作要求：

（1）保持身体稳定、动作连贯。（2）强调髋关节、肩关节及手臂的作用。

图 6-53

动作进阶1：单腿扭转抛投

动作说明：

保持单腿站姿，动作同扭转抛投。（见图6-54）

动作要求：

保持身体稳定，背部平直，腹部收紧。

图 6-54

动作进阶2：瑞士球坐姿扭转抛投

动作说明：

坐在瑞士球上，动作同扭转抛投。（见图6-55）

动作要求：

保持身体稳定，背部平直，腹部收紧。

图 6-55

4. 直立姿杠铃杆扭转

动作说明：

双脚开立，间距比肩稍宽，双腿屈曲；将杠铃放于颈后部，双手尽可能分开，紧握杠铃杆；向一个方向转动上半身，接着向另一个方向转动上半身。（见图6-56）

动作要求：

保持上半身笔直，以躯干肌肉抵抗杠铃杆的冲力。

图 6-56

动作进阶1：弓步姿杠铃杆扭转

动作说明：

保持弓步姿势，动作同直立姿杠铃杆扭转。（见图6-57）

动作要求：

保持上半身笔直，以躯干肌肉抵抗杠铃杆的冲力。

图 6-57

动作进阶2：平衡盘站姿杠铃杆扭转

动作说明：

双脚踩在平衡盘上，动作同直立姿杠铃杆扭转。（见图6-58）

动作要求：

保持身体稳定，上半身笔直；动作连贯。

图 6-58

动作进阶3：瑞士球坐姿杠铃杆扭转

动作说明：

坐在瑞士球上，动作同直立姿杠铃杆扭转。（见图6-59）

动作要求：

保持身体稳定，上半身笔直；动作连贯。

图 6-59

参考文献：

[1]Qi R. Relationship of Table Tennis Sports Nutritional Food to Sports Athletes'Training and Physical Health[J]. J Healthc Eng, 2021(7).

[2]Kondrič M, Zagatto A M, Sekulić D. The Physiological Demands of Table Tennis: a Review[J]. J Sports Sci Med, 2013(3).

[3]Huang L, Ng J W C, Lee J K W. Nutrition Recommendations for Table Tennis Players — a Narrative Review[J]. Nutrients, 2023(3).

[4]Zagatto A M, Kondric M, Knechtle B, Nikolaidis P T, Sperlich B. Energetic Demand and Physical Conditioning of Table Tennis Players — a Study Review[J]. J Sports Sci, 2018(7).

[5]Zagatto, A M, Milioni, Freitas, I F, et al. Body Composition of Table Tennis Players: Comparison between Performance Level and Gender[J]. Sport Sci Health, 2016(12).

[6]Kondrič M, Zagatto A M, Sekulić D. The Physiological Demands of Table Tennis: a Review[J]. J Sports Sci Med, 2013(3).

[7]Zagatto A M, Morel E A, Gobatto C A. Physiological Responses and Characteristics of Table Tennis Matches Determined in Official Tournaments[J]. J Strength Cond Res, 2010(4).

[8]Faude O, Meyer T, Rosenberger F, Fries M, Huber G, Kindermann W. Physiological Characteristics of Badminton Match Play[J]. Eur J Appl Physiol, 2007(4).

[9]Zagatto A M, Leite J V, Papoti M, Beneke R. Energetics of Table Tennis and Table Tennis-specific Exercise Testing[J]. Int J Sports Physiol Perform, 2016(8).

[10]Elferink-Gemser M T, Faber I R, Visscher C, Hung T M, de Vries S J, Nijhuis-Van der Sanden M W G. Higher-level Cognitive Functions in Dutch Elite and Sub-elite Table Tennis Players[J]. PLOS One, 2018(11).

[11]Sagayama H, Hamaguchi G, Toguchi M, Ichikawa M, Yamada Y, Ebine N, Higaki Y, Tanaka H. Energy Requirement Assessment in Japanese Table Tennis Players Using the Doubly Labeled Water Method[J]. Int J Sport Nutr Exerc Metab, 2017(5).

[12]Biz C, Puce L, Slimani M, Salamh P, Dhahbi W, Bragazzi N L, Ruggieri P. Epidemiology and Risk Factors of Table-tennis-related Injuries: Findings from a Scoping Review of the Literature[J]. Medicina(Kaunas), 2022(5).

[13]McCormick, B T, Hannon, J C, Newton, Shultz, Miller, Young, et al. Comparison of Physical Activity in Small-sided Basketball Games Versus Full-sided Games[J]. International Journal of Sports Science&Coaching, 2012(4).

[14]Le Floch A, Vidailhet M, Flamand-Rouvière C, Grabli D, Mayer J M, Gonce M, Broussolle E, Roze E. Table Tennis Dystonia[J]. Mov Disord,

2010(3).

[15]Marchese F, Malagoli Lanzoni I, Steca P. Personality Traits and Motives in Table Tennis Players[J]. Int J Environ Res Public Health, 2022(17).

[16]Li X. Biomechanical Analysis of Different Footwork Foot Movements in Table Tennis[J]. Comput Intell Neurosci, 2022.

[17]Schaefer S, Amico G. Table Tennis Expertise Influences Dual-task Costs in Timed and Self-initiated Tasks[J]. Acta Psychol(Amst), 2022.

[18]Bańkosz Z, Winiarski S. The Kinematics of Table Tennis Racquet: Differences between Topspin Strokes[J]. J Sports Med Phys Fitness, 2017(3).

[19]Lee J S, Chang S T, Shieh L C, Lim A Y, Peng W S, Chen W M, Liu Y H, See L C. Stereopsis and Response Times between Collegiate Table Tennis Athletes and Non-athletes[J]. Int J Environ Res Public Health, 2021(12).

[20]Tseng Y T, Tsai C L, Wu T H, Chen Y W, Lin Y H. Table Tennis, as a Method of Sensorimotor Training, Induces Haptic and Motor Gains in Children with a Probable Developmental Coordination Disorder[J]. Motor Control, 2023(3).

[21]Song H, Li Y, Zou X, Hu P, Liu T. Elite Male Table Tennis Matches Diagnosis Using SHAP and a Hybrid LSTM-BPNN Algorithm[J]. Sci Rep, 2023(1).

[22]You Y, Ma Y, Ji Z, Meng F, Li A, Zhang C. Unconscious Response Inhibition Differences between Table Tennis Athletes and Non-athletes[J]. Peer J, 2018.

[23]Zhu M, Pi Y, Zhang J, Gu N. The Superior Response Speed of Table Tennis Players is Associated with Proactive Inhibitory Control[J]. Peer J, 2022.

[24]Zhou Z, Zhang H. A Visible Analysis Approach for Table Tennis Tactical Benefit[J]. J Sports Sci Med, 2022(4).

[25]Coelho-E-Silva M J, Konarski J M, Krzykała M, Galas S, Beata

P, Żurek P, Faria J, Tavares O M, Oliveira T G, Rodrigues I, Martinho D V, Valente-Dos-Santos J, Malina R M. Growth and Maturity Status of Young Male Table Tennis Players[J]. Res Sports Med, 2022(1).

[26]Shi X, Cao Z, Ganderton C, Tirosh O, Adams R, Ei-Ansary D, Han J. Ankle Proprioception in Table Tennis Players: Expertise and Sport-specific Dual Task Effects[J]. J Sci Med Sport, 2023(23).

[27]Shang X D, Zhang E M, Chen Z L, Zhang L, Qian J H. Correlation Analysis of National Elite Chinese Male Table Tennis Players' Shoulder Proprioception and Muscle Strength[J]. World J Clin Cases, 2022(24).

[28]Biernat E, Buchholtz S, Krzepota J. Eye on the Ball: Table Tennis as a Pro-health Form of Leisure-time Physical Activity[J]. Int J Environ Res Public Health, 2018(4).

[29]Yang X, Mei Q, Shao S, Gu W, He Y, Zhu R, Gu Y. Understanding Sex-based Kinematic and Kinetic Differences of Chasse-step in Elite Table Tennis Athletes[J]. Bioengineering(Basel), 2022(6).

第七章　羽毛球项目的快速伸缩复合训练方法

第一节　羽毛球运动的项目特征

羽毛球运动属于隔网对抗类的小球项目，是一项包含下肢的变向、冲刺、跳跃，以及上肢的快速、慢速挥拍动作的间歇性持拍类运动，是世界上最流行的运动项目之一。这项运动共设有五个小项，分别是男女单打、男女双打和混合双打，其中每个项目都需要在技术和身体素质方面进行专门的准备。羽毛球被认为是世界上速度最快的球类运动，比赛期间的球速变化非常大，从吊球的1mi（1.6km）/时到杀球的200mi（321.9km）/h，赛场上的情况可以说瞬息万变，因此对运动员的反应能力、上下肢爆发力、全场移动能力提出了很高的要求。羽毛球比赛具有动作时间短、强度大的特征，一场常规的单打比赛包括平均7s的回合时间和平均15s的休息时间。由于比赛没有时间限制，水平相当的选手往往经历较长的比赛总时长，这就对运动员的供能系统提出了很高的要求，比赛中的平均心率（HR）常常超过运动员最大心率的90%。比赛期间的间歇运动对有氧和无氧系统都有较高的要求，其中单打对无氧能力的需求高于双打。羽毛球比赛中三磷酸腺苷（ATP）—磷酸肌酸（CP）供能系统保证了每次短时间高强度运动的重复进行，是取得比赛胜利的关键，无氧糖酵解供能系统表现为羽毛球运动员ATP-CP供能系统的补充和完善，有氧代谢能力是基础。总之，羽毛球运动是一项具有高强度和间歇运动特点，对上下肢爆发力有一定的要求，需要频繁进行变向移动，并且要求在运动过程中手眼协调，上下肢协调发力的运动。

一、羽毛球运动快速伸缩复合训练的需求

事实上，竞技羽毛球是一项对运动员各项身体素质都要求极高的运动，尤其表现在爆发力方面。无论采用哪种击球动作，力量都来自下肢与地面的相互作用力，进而经过躯干传导到上肢的末端释放。

对下肢而言，一方面，由于来球的方向不断变化，运动员需要在必要的时候快速移动，在赛场上不断改变方向，另一方面，为了保证杀球的效果，高水平的羽毛球运动员杀球时往往产生较高的腾空高度，这些能力都对下肢爆发力提出了很高的要求。对躯干而言，良好的躯干屈伸爆发力和旋转爆发力是被动防守和主动进攻杀球的重要支撑。对上肢而言，良好的鞭打能力来自较高的技术动作的力量传递效率、较强的神经和肌肉控制能力及爆发力。针对羽毛球项目的快速伸缩复合训练可以结合发力时间、肌肉用力顺序和技术动作特点进行，以增强羽毛球运动员所需的各项爆发力。

二、羽毛球单打与双打的训练特征

羽毛球比赛分为单打比赛和双打比赛。单打比赛和双打比赛在体能需求、战术制定和技术使用上都存在差异，如单打运动员的跑动更多，双打运动员的回合节奏更快。因此，需要根据参赛项目的特点有针对性地安排羽毛球训练。双打比单打有更多的球路变化。从能量供应方面而言，单打运动员往往需要具备更强的无氧能力，单打运动员在比赛中的平均心率和峰值功率也高于双打运动员。就每场比赛的运动距离而言，单打运动员

在比赛中需要更长的运动距离和更快的速度。但是Alcock等的研究显示，单打和双打运动员的爆发力素质并没有明显的区别。Gawin W在研究世界排名前十的单打和双打运动员的50场比赛后得出，双打的回合频率最高，单双打比赛中的休息时间无明显差异。

基于此，对爆发力而言，无论是单打运动员还是双打运动员，均需要通过不同形式的快速伸缩复合训练提高爆发力。

三、羽毛球运动快速伸缩复合训练的应用

羽毛球运动员需要具备很高的身体素质，特别是敏捷性、力量耐力和爆发力。

Kizilet等的一项快速伸缩复合干预训练实验表明，快速伸缩复合训练可以提高羽毛球运动员的跳跃能力和敏捷性。对青少年而言，增强式训练能提高青少年羽毛球运动员的肌肉最大力量和神经适应能力，是提高下肢爆发力、10m冲刺和20m冲刺表现的有效方法。快速伸缩复合训练已经成为一种增强爆发力、提高运动表现力的公认的训练方法。在预防损伤方面，快速伸缩复合训练同样有特殊作用。Alikhani等通过研究发现，6周的快速伸缩复合训练可显著改善女羽毛球运动员的动态平衡和膝关节本体感觉，并且可能对预防非接触性前交叉韧带损伤有重要意义，通过进行快速伸缩复合训练和包括快速伸缩复合训练的热身，大大降低了羽毛球运动员前交叉韧带损伤的风险。

可见，快速伸缩复合训练在发展羽毛球运动员的爆发力和预防损伤方面具有良好的应用前景。

第二节 羽毛球项目的技术动作特征

一、羽毛球技术

从击球动作来看，无论是高远球、吊球，还是杀球，每个击球动作都表现为力量的从下至上传递，通过腿将地面反作用力经由躯干传导到手、球拍，最后落到球上，强调力量在全身动力链上的传递。羽毛球运动的基本技术主要由上肢的基本手法和下肢的基本步法两大部分组成。上肢的基本手法又由握拍、发球和击球三个技术部分组成，下肢的基本步法由基本站位、前场上网、中场左右和后场后退步组成。

二、羽毛球技术的主要特征

（一）身体动作与控制球拍击球结合

作为持拍类运动，羽毛球项目的显著特征是运动员必须用手中的球拍击球，并且与全身协调配合，组成各种专项动作，身体动作与控制击球融为一体，技术的运用与击球弧度、线路和落点联系紧密，即不同的技术与击球后球的飞行弧线和落点有较大的相关性。

（二）动态与对抗结合

羽毛球竞赛表现为一个攻防对抗转换的动态过程，一切羽毛球技术都是在动态和对抗中完成的，根据击球位置、击球方式等因素，可被相应划分为进攻性、控制性、防御性技术。快速、准确、灵活、多变，合理运用技术和创造性获得在时间和空间上的主动，是运用羽毛球技术的关键。

（三）相对固定与随机应变结合

任何运动技术都具有相对固定的动作环节，但随着场上环境的变化和对手的变化，也会被相应地进行调整，即对变化做出应急的反应和应答，体现出动作的开放性技能。技术的运用不是一成不变的，需要在攻守对抗中针对不同态势组合动作，随机应变并创造性地运用技术。

（四）规范性与个体差异结合

运动技术必须符合运动力学原理，且具有相应的规范性，动作环节的规范与否影响击球的速度、落点、弧线等，但在实际运用中，运动员因个体特征不同，也会表现出不同的动作特点和风格。技术动作的规范有其必要性，但技术应用的效果更关键。

（五）手法与步法结合

步法是基础，手法是关键。羽毛球项目各项技术在实际运用中均包含步法和手法动作，两者统一，相辅相成，均不能单独存在。手法主要体现为击球力量的大小、拍面的控制、出手速度等方面的能力；步法优劣关系到该技术动作能否被合理、正确地完成，还会影响整个击球的质量和效果。因此，快速、正确的步法能保证已有的击球技术得到充分的发挥。

三、羽毛球技术与运动生理学的关系

羽毛球是一项持拍类间歇性高强度运动，也被公认为是持拍类项目中运动强度最高的，对运动员在比赛和恢复过程中有氧和无氧系统都有很高的要求。研究人员发现，比赛过程中产生的能量有60%—70%来自有氧系统供能，30%来自无氧系统供能。从整场比赛来看，有氧供能占据主导地位；但是在每一回合的较量中，磷酸原供能系统和糖酵解供能系统的意义更为重大。相比于双打运动员，单打运动员在身体能量系统方面可能被提出较高的要求，因为比赛需要足够的有氧能力来产生能量，并且促进无氧能力的恢复。运动员在有氧和无氧能力方面的提升，可以减轻比赛时的疲劳感，降低下肢损伤的风险。

第三节　羽毛球项目的快速伸缩复合训练方法[①]

一、上肢快速伸缩复合训练

1. 羽毛球高远球投掷

动作说明：

双脚开立，呈丁字步，重心先落在后面的脚上，保持高远球准备姿势；以肩带肘向后预摆，随后将羽毛球向前抛出。（见图7-1）

动作要求：

核心收紧，发力集中，动作连贯。

图 7-1

动作进阶1：小实心球高远球投掷

动作说明：

将羽毛球换成小实心球，动作同羽毛球高远球投掷。（见图7-2）

---

① 本章动作示范：李正东；搭档：汪善伟。

动作要求：

核心收紧，发力集中，动作连贯。

图 7-2

动作进阶 2：弹力带高远球投掷

动作说明：

将适宜磅数的弹力带一端固定在身后，另一端拿在手中，进行挥拍击球动作训练。（见图 7-3）

动作要求：

核心收紧，肘关节外展，发力集中，动作连贯。

图 7-3

动作进阶3：双人配合羽毛球高远球投掷

动作说明：

练习者与搭档面对面站立，保持合适的距离；一方投球，另一方接球后快速将球投回。（见图7-4）

动作要求：

核心收紧，发力集中，动作连贯。

图 7-4

2. 跪姿前抛实心球

动作说明：

保持双腿高位跪姿；双臂伸直，双手持实心球于头的正上方；先向后屈臂、微屈膝缓冲，随后将球向前抛出。（见图7-5）

动作要求：

核心收紧，发力集中，动作连贯。

图 7-5

动作进阶1：分腿跪姿前抛实心球

动作说明：

保持分腿跪姿；双臂伸直，双手持实心球于头的正上方；先向后屈臂，随后将球向前抛出。（见图7-6）

动作要求：

核心收紧，发力集中，动作连贯。

图 7-6

动作进阶2：基本运动姿前抛实心球

动作说明：

保持基本运动姿势，双腿略微屈曲下蹲；双臂伸直，双手持实心球于头的正上方；先向后屈臂，随后将球向前抛出。（见图7-7）

动作要求：

核心收紧，发力集中，动作连贯。

图 7-7

动作进阶 3：站姿前抛实心球

动作说明：

双脚开立，间距与髋同宽；双臂伸直，双手持实心球于头的正上方；先向后屈臂，随后将球向前抛出。（见图 7-8）

动作要求：

核心收紧，发力集中，动作连贯。

图 7-8

动作进阶4：站姿传实心球

动作说明：

练习者与搭档面对面站立，保持合适的距离，双脚开立，间距与髋同宽；一方将实心球抛出，另一方接球后快速缓冲，将球抛回。（见图7-9）

动作要求：

核心收紧，发力集中，动作连贯。

图 7-9

3. 跪姿下砸实心球

动作说明：

保持双腿高位跪姿；双臂伸直，双手持实心球于头的正上方；双臂发力将球下砸，球触地反弹后接球。重复动作。（见图7-10）

动作要求：

保持身体稳定、动作连贯。

图 7-10

动作进阶 1：分腿跪姿下砸实心球

动作说明：

保持分腿跪姿；双臂伸直，双手持实心球于头的正上方；双臂发力将球下砸，球触地反弹后接球。重复动作。（见图 7-11）

动作要求：

保持身体稳定、动作连贯。

图 7-11

动作进阶 2：基本运动姿下砸实心球

动作说明：

保持基本运动姿势；双手持适合重量实心球于腹前；双臂发力将球下

砸，球触地反弹后接球。重复动作。（见图7-12）

动作要求：

保持身体稳定、动作连贯。

图 7-12

动作进阶3：分腿运动姿下砸实心球

动作说明：

保持分腿运动姿势；双手持适合重量实心球于腹前；双臂发力将球下砸，球触地反弹后接球。重复动作。（见图7-13）

动作要求：

保持身体稳定、动作连贯。

图 7-13

4. 仰卧胸前推实心球

动作说明：

练习者仰卧在瑜伽垫上，双臂伸直，双手位于胸的正上方。搭档持实心球站在练习者头部上方。搭档松手使球自然下落。练习者双手接球缓冲后快速将球推回。重复动作。（见图 7-14）

动作要求：

接球缓冲后快速将球向上推的动作干净、利落。

图 7-14

二、下肢快速伸缩复合训练

1. 双脚六边形跳

动作说明：

双脚并拢站在六边形中间，沿着六边形的六个边依次跳出、跳进。（见图 7-15）

动作要求：

双脚并拢；跳跃时前脚掌着地，避免踩线。

图 7-15

动作进阶：单脚六边形跳

动作说明：

单脚站在六边形中间，动作同双脚六边形跳。（见图7-16）

动作要求：

保持身体稳定；跳跃时前脚掌着地，避免踩线。

图 7-16

2. 小栏架双脚左右跳

动作说明：

侧对栏架，双脚开立，间距与肩同宽，屈髋、屈膝；上半身前倾，双臂位于体侧，背部挺直；双臂快速上摆，同时伸髋、伸膝，双脚蹬离地面，侧向跳过栏架；屈髋、屈膝着地缓冲。（见图7-17）

动作要求：

双臂摆动，髋、膝、踝关节伸展，协调发力。

图 7-17

动作进阶：小栏架单脚左右跳

动作说明：

侧对栏架，保持单腿站姿，靠近栏架的脚抬离地面，屈髋、屈膝；动作同小栏架双脚左右跳。（见图7-18）

动作要求：

起跳与着地时注意屈髋、屈膝动作的合理运用，做到上下肢协调配合。

图 7-18

3. 小栏架双脚前后跳

动作说明：

面对栏架，双脚开立，间距与肩同宽，屈髋、屈膝；上半身前倾，双臂位于体侧，背部挺直；双臂快速上摆，同时伸髋、伸膝，双脚蹬离地面，向前、向后跳过栏架；屈髋、屈膝着地缓冲。（见图7-19）

动作要求：

上下肢协调发力，发力快速；着地时主动缓冲。

图 7-19

动作进阶：小栏架单脚前后跳

动作说明：

保持单腿站姿，动作同小栏架双脚前后跳。（见图7-20）

动作要求：

髋、膝、踝关节呈一条直线，动作有力。

图 7-20

4. 双脚 "十" 字象限跳

动作说明：

保持双脚并拢姿势自然站立，目视前方，背部挺直，双手放于腰间；双脚连续完成左前—右前—左前、左前—右后—左前、左前—左后—左前、右前—右后—右前或左前—右前—左后—右后象限跳。（见图7-21）

动作要求：

双脚并拢，目视前方；跳跃时前脚掌着地。

图 7-21

5. 交换腿弓步跳

动作说明：

保持弓步姿势，大腿与地面平行，小腿与地面成90°角；用力蹬地跳起后以另一侧弓步姿势着地。双腿交替进行，重复规定的次数。（见图7-22）

动作要求：

髋、膝、踝关节呈一条直线；重心落在两腿间，跳跃时重心向上。

图 7-22

6. 蹲起转髋跳

动作说明：

保持全蹲姿势；跳起时分腿，一条腿做内旋，一条腿做外旋，分别以脚后跟和脚尖着地。（见图7-23）

动作要求：

（1）分腿快速、自然。（2）保持身体稳定，下蹲和起跳动作连贯。

图 7-23

动作进阶：转髋跳上跳箱

动作说明：

在跳起时跳上跳箱，动作同蹲起转髋跳。（见图 7-24）

动作要求：

发力快速，落到跳箱上时动作有控制。

图 7-24

三、躯干快速伸缩复合训练

1. 仰卧起坐接抛实心球

动作说明:

练习者屈髋、屈膝坐在地面上,上半身与地面约成45°角;搭档双手持实心球站在练习者前方,练习者伸出双手准备接球;搭档抛出球后,练习者用双手接住球,上半身积极缓冲;立即将球抛回搭档。(见图7-25)

动作要求:

尽量以上半身力量将球抛回。

图 7-25

动作进阶:双人配合实心球仰卧起坐

动作说明:

练习者和搭档均屈髋、屈膝坐在地面上,动作同仰卧起坐接抛实心

球。（见图7-26）

动作要求：

核心区肌肉主导发力。

图7-26

2. 实心球俄罗斯转体

动作说明：

保持屈膝仰卧姿势，双手抓握实心球两侧；上半身抬起，使身体呈"V"字形；收紧核心，上半身向一侧扭转，同时双手带动球转向同侧；稍作停顿后返回起始位置，再转向另一侧。重复动作。（见图7-27）

动作要求：

核心收紧，动作有控制。

图 7-27

3. 跪姿实心球左右下砸

动作说明：

保持双膝跪姿；将实心球抬至腹部水平位置，双臂微屈；快速将球经头顶移至头后，同时身体略微向后倾斜；髋部、核心发力，带动上半身前倾，同时双手尽可能快速地将球砸向身体左侧及右侧。（见图 7-28）

动作要点：

核心收紧，双臂微屈。

图 7-28

动作进阶1：分腿跪姿实心球左右下砸

动作说明：

保持分腿跪姿，动作同跪姿实心球左右下砸。（见图7-29）

动作要点：

核心收紧，双臂微屈。

图 7-29

动作进阶2：弓步姿实心球左右下砸

动作说明：

保持弓步姿势，动作同跪姿实心球左右下砸。（见图7-30）

动作要点：

核心收紧，双臂微屈。

图 7-30

动作进阶3：基本运动姿实心球左右下砸

动作说明：

保持基本运动姿势，动作同跪姿实心球左右下砸。（见图7-31）

动作要点：

核心收紧，双臂微屈。

图 7-31

4. 跪姿实心球侧抛

动作说明：

保持双腿跪姿，将实心球抬至腹部水平位置；髋部发力，带动上半身向右侧旋转，同时双手带动球转向同侧。上半身向左侧旋转，同时双手尽可能快速地将球向左侧抛出。对侧亦然。（见图7-32）

动作要求：

保持身体稳定，躯干旋转发力。

图 7-32

动作进阶1：分腿跪姿实心球侧抛

动作说明：

保持分腿跪姿，动作同跪姿实心球侧抛。（见图7-33）

动作要求：

保持身体稳定，躯干旋转发力。

图 7-33

动作进阶2：基本运动姿实心球侧抛

动作说明：

保持基本运动姿势，动作同跪姿实心球侧抛。（见图7-34）

动作要求：

保持身体稳定，躯干旋转发力。

图 7-34

动作进阶3：分腿姿实心球侧抛

动作说明：

保持分腿姿势，动作同基本运动姿实心球侧抛。（见图7-35）

动作要求：

保持身体稳定，躯干旋转发力。

图 7-35

参考文献：

[1]田麦久，主编；刘建和，编.运动训练学[M].北京：人民体育出版社，2000.

[2]肖杰.学打羽毛球[M].北京：人民体育出版社，2000.

[3]肖杰.羽毛球运动理论与实践[M].北京：人民体育出版社，2005.

[4]Phomsoupha M, Laffaye G. The Science of Badminton: Game Characteristics, Anthropometry, Physiology, Visual Fitness and Biomechanics[J]. Sports Medicine, 2015(4).

[5]Kwan M, Cheng C L, Tang W T, et al. Measurement of Bad-minton Racket Deflection during a Stroke[J]. Sports Eng, 2010(3).

[6]Singh J, Raza S, Mohammad A. Physical Characteristics and Level of Performance in Badminton: a Relationship Study[J]. J Educ Pract, 2011(5).

[7]Hussain I, Ahmed S, Arshad Bari M, et al. Analysis of Arm Movement in Badminton of Forehand Long and Short Service[J]. Innov Syst Des Eng, 2011(3).

[8]Rasmussen J, Kwan M, Andersen M S, et al. Analysis of Segment

Energy Transfer Using Musculoskeletal Models in a High Speed Badminton Stroke//9th International Symposium Computer Methods in Biomechanics and Biomedical Engineering. Valencia, 2010.

[9]Singh G, Yogesh. Technology and Badminton[J]. Br J Sports Med, 2010(1 Suppl).

[10]Jaitner T, Wolf G. Analysis of Badminton Smash with a Mobile Measure Device Based on Accelerometry//Menzel H J, Chagas M H. 25th International Symposium on Biomechanics in Sports. Ouro Preto, 2007.

[11]Kwan M, Andersen M S, Zee M, et al. Dynamic Model of a Badminton Stroke[M]. The Engineering of Sport 7. Paris: Springer, 2008.

[12]Shariff A H, George J, Ramlan A A. Musculoskeletal Injuries among Malaysian Badminton Players[J]. Singapore Med J, 2009(11).

[13]Hong Y, Jun Wang S, Lam W K, et al. Kinetics of Badmintonlunges in Four Directions[J]. J Appl Biomech, 2013(1).

[14]Cabello D, Padial P, Lees A, et al. Temporal and Physiological Characteristics of Elite Women's and Men's Singles Badminton[J]. Int J Appl Sport Sci, 2004(2).

[15]Raman D, Nageswaran A S. Effect of Game-specific Strength Training on Selected Physiological Variables among Badminton Players[J]. Int J Sci Res, 2013 (10).

[16]Lieshout K A V, Lombard A J J. Fitness Profile of Elite Junior Badminton Players in South Africa[J]. Afr Phys Health EducRecreat Dance, 2003(3).

[17]Tiwari L M, Rai V, Srinet S. Relationship of Selected Motor Fitness Onents with the Performance of Badminton Player[J]. Asian J Phys Educ Comput Sci Sports, 2011(1).

[18]Alcock A, Cable N T. A Comparison of Singles and Doubles

Badminton: Heart Rate Response, Player Profiles and Game Characteristics[J]. International Journal of Performance Analysis in Sport, 2009(2).

[19]Gawin W, Beyer C, Seidler M. A Competition Analysis of the Single and Double Disciplines in World-class Badminton[J]. International Journal of Performance Analysis in Sport, 2015(3).

[20]Jeyaraman R, District E, Nadu T. Prediction of Playing Ability in Badminton from Selected Anthropometrical Physical and Physiological Characteristics among Inter Collegiate Players[J]. Int J Innov. Adv Res, 2012(3).

[21]Alikhani R, Shahrjerdi S, Golpaigany M, et al. The Effect of a Six-week Plyometric Training on Dynamic Balance and Knee Proprioception in Female Badminton Players[J]. The Journal of the Canadian Chiropractic Association, 2019(3).

[22]Bozdoğan T K, Kizilet A. The Effect of Coordination and Plyometric Exercises on Agility, Jumping and Endurance Ability in Badminton Players[J]. International Journal of Sport Exercise and Training Sciences-ijsets, 2017(4).

[23]Deng N, Soh K G, Abdullah B, et al. Effects of Plyometric Training on Technical Skill Performance among Athletes: a Systematic Review and Meta-analysis[J]. PlOS one, 2023(7).

[24]Chen L, Zhang Z, Huang Z, et al. Meta-analysis of the Effects of Plyometric Training on Lower Limb Explosive Strength in Adolescent Athletes[J]. International Journal of Environmental Research and Public Health, 2023(3).

[25]A l Attar W S A, Bakhsh J M, Khaledi E H, et al. Injury Prevention Programs that Include Plyometric Exercises Reduce the Incidence of Anterior Cruciate Ligament Injury: a Systematic Review of Cluster Randomised Trials[J]. Journal of Physiotherapy, 2022.

[26]Andersen L L, Larsson B, Overgaard H, et al. Torque-velocity

Characteristics and Contractile Rate of Force Development in Elite Badminton Players[J]. Eur J Sport Sci, 2007(3).

[27]Chin M K, Wong A S, So R C, et al. Sport Specific Fitness Testing of Elite Badminton Players[J]. Br J Sports Med, 1995(3).

[28]Lieshout K A V, Lombard A J. Fitness Profile of Elite Junior Badminton Players in South Africa[J]. Afr Phys Health Educ Recreat Dance, 2003(3).

[29]Faccini P, Dal Monte A. Physiologic Demands of Badmintonmatch Play[J]. Am J Sports Med, 1996(6 Suppl).

[30]Liddle S D, Murphy M H, Bleakley W. A Comparison of the Physiological Demands of Singles and Doubles Badminton a Heart Rateand Time[J]. J Hum Mov Stud, 1996(29).

第八章　网球项目的快速伸缩复合训练方法

第一节　网球运动的项目特征

网球运动是一项技术、战术与体能并重的项目，对身心的全面发展有很高的锻炼价值。据测，一场较高水平的比赛可持续3—5h，发球时速可达200km，抽击球的速度可达100km，击球达上千次。可想而知，如果没有良好的爆发力、力量和耐力素质，是难以胜任的。同时，坚强的信心、非凡的勇气、强烈的竞争意识都对运动员个性心理品质的培养起到良好作用。

一、网球运动快速伸缩复合训练的需求

事实上，竞技网球是一项对运动员各项身体素质都要求极高的运动，尤其是爆发力水平。在每一次击球的过程中，挥拍力量都来自下肢与地面的相互作用力，然后经过躯干传导到上肢的末端，将能量释放。

对下肢而言，一方面，由于来球方向不断变化，运动员需要在必要的时候快速移动，在赛场上不断改变方向，另一方面，为了保证蹬转、击球发力的效果，高水平的网球运动员击球时往往对球速要求更高，这些能力都对下肢爆发力提出了很高的要求。对躯干支柱而言，良好的躯干屈伸爆

发力和旋转爆发力是被动防守转向主动进攻的重要身体素质支撑。对上肢而言，良好的鞭打能力来自技术动作的力量传递效率、神经和肌肉的控制能力和良好的爆发力。可以结合网球项目的发力时间特点和技术动作特点进行有针对性的快速伸缩复合训练，以提高网球运动员所需的各种爆发力。

二、网球单打与双打的训练特征

网球比赛分为单打比赛和双打比赛，二者在体能需求、战术制定和技术使用上都存在差异，如单打运动员所做的跑动更多，双打运动员的回合节奏更快，因此，需要根据参赛项目的特点有针对性地安排训练。在球路方面，双打比单打具有更多的变化。从能量供应方面而言，单打运动员往往需要更强的无氧能力，单打运动员在比赛中的平均心率和峰值功率也高于双打运动员。对每场比赛的运动距离而言，单打运动员在比赛中需要运动更长的距离，需要更快的速度。但是根据Majewska J等的研究，单、双打运动员的爆发力素质并没有明显的区别。Kołodziej-Lackorzyńska G在研究了世界排名前十的单打和双打运动员的40场比赛后得出，双打的回合频率较高，单、双打比赛中的休息时间无明显差异。

基于此，对爆发力而言，无论是单打运动员还是双打运动员，均需要通过不同形式的快速伸缩复合训练增强项目所需的爆发力。

三、网球运动快速伸缩复合训练的应用

网球运动员需要有很高的身体素质，特别是敏捷性、有氧力量和爆发力。

Cyran-Grzebyk B等的一项快速伸缩复合干预训练实验表明，快速伸缩复合训练可以提高网球运动员的跳跃能力和敏捷性。增强式训练能提高

青少年网球运动员的肌肉最大力量和神经适应能力，是提高下肢爆发力、10m冲刺和20m冲刺表现的有效方法。快速伸缩复合训练已经成为一种公认的增强爆发力、提高运动表现的训练方法。在预防损伤方面，快速伸缩复合训练同样有其特殊作用。Szymczyk D等通过研究发现，8周的快速伸缩复合训练能够显著改善男网球运动员的动态平衡和膝关节本体感觉，并且对预防非接触性前交叉韧带损伤有重要意义，进行快速伸缩复合训练和包括快速伸缩复合训练的热身可大大降低网球运动员前交叉韧带损伤的风险。

第二节　网球项目的技术动作特征

一、网球技术

从击球动作来看，无论是发球、截击球还是高压球，每个击球动作都表现为力量的从下至上传递，以腿经由躯干将地面的反作用力传导到手、球拍，最后落到球上，强调全身动力链的传递作用。网球运动的基本技术主要由上肢的基本手法和下肢的基本步法两大部分组成。上肢的基本手法由握拍、正手击球、反手击球、双手反手握拍和发球五个部分组成，下肢的基本步法由开放式步法、闭锁式步法、滑步、左右交叉步、向侧后移动交叉步组成。

二、网球技术的主要特征

（一）身体动作与控制球拍击球结合

作为持拍类项目，网球运动的显著特征是运动员必须用手中的球拍击球，并且与全身协调配合完成各种专项动作，身体动作与控制击球融为一体，技术的运用与击球弧度、线路和落点联系紧密，即不同的技术与击球后球的飞行弧线和落点有较大的相关性。

（二）动态与对抗结合

网球竞赛表现为一个攻防对抗转换的动态过程，所有的网球技术都是在动态和对抗中完成的，根据击球位置、击球方式等因素，可被相应划分为进攻性、控制性、防御性技术。快速、准确、灵活、多变，运用合理性和创造性获得在时间和空间上的主动，是使用网球技术的关键。

（三）相对稳定与随机应变结合

任何运动技术都具有相对稳定的动作环节，但随着场上环境的变化、对手的变化，也会被相应地进行调整，即对变化做出应急的反应和应答，体现了动作的开放性技能。技术的运用不是一成不变的，需要在攻守对抗中针对不同态势组合动作，随机应变并创造性地运用。

（四）规范性与个体差异结合

运动技术合理性必须符合运动力学原理，且具有相应的规范性，动作环节的规范与否影响击球的速度、落点、弧线等效果。但在实际运用中，运动员个体特征的不同也会产生不同的动作特点和风格。技术动作的规范有其必要性，但技术的应用效果更关键。

（五）手法与步法结合

步法是基础，手法是关键。网球项目的各项技术在实际运用中均包含步法和手法动作，二者相互统一，相辅相成，均不能单独存在。手法主要体现在击球力量的大小、拍面的控制、出手速度等方面的能力；步法的优劣关系到该技术动作能否被合理、正确地完成，还会影响整个击球的质量和效果。因此，快速、正确的步法能保证已有的击球技术得到充分的发挥。

三、网球技术与运动生理学的关系

网球是一项持拍类间歇性高强度运动。比赛过程和恢复过程都对网球运动员的有氧和无氧系统有较高的要求。研究人员发现，比赛过程中产生的能量有85%—90%来自有氧系统，10%—15%来自无氧系统。从整场比赛来看，有氧供能占主导地位，但在每一回合的较量中，磷酸原供能系统和糖酵解供能系统的意义更加重大。相比于双打，单打对运动员的身体能量系统有更高的要求，因为比赛需要以足够的有氧能力产生能量，并且促进无氧运动的恢复。运动员有氧、无氧能力的提升可以减轻比赛时的疲劳感，降低下肢损伤的风险。

第三节 网球项目的快速伸缩复合训练方法[①]

一、上肢快速伸缩复合训练

1. 跪姿爆发式俯卧撑

动作说明：

保持典型的跪姿俯卧撑姿势，双腿并拢，膝盖着地，双手间距与肩同宽；双手用力推地面，使上半身和双手快速离开地面，距离取决于上半身的力量；预测着地时间，双手轻轻着地，帮助上半身减速。（见图8-1）

动作要点：

保持身体稳定，发力集中，下落时积极缓冲。

---

① 本章动作示范：李正东。

图 8-1

动作进阶：爆发式俯卧撑

动作说明：

保持典型的俯卧撑姿势，双手间距与肩同宽；双手用力推地面，使上半身和双手快速离开地面，距离取决于双臂和上半身的力量。（见图 8-2）

动作要点：

保持身体稳定，发力集中，下落时积极缓冲。

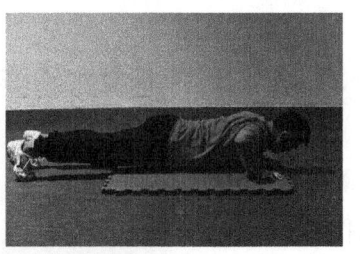

图 8-2

2. 跪姿连续直臂实心球砸墙

动作说明：

面向墙壁，保持跪姿；双臂伸直，双手持实心球举过头顶；将球向墙壁抛出，反弹后接球。连续重复动作。（见图 8-3）

动作要点：

保持身体稳定和较好的节奏感。

图 8-3

动作进阶：运动姿连续直臂实心球砸墙

动作说明：

面向墙壁，保持基本运动姿势；双臂伸直，双手持实心球举过头顶；将球向墙壁抛出，反弹后接球。连续重复动作。（见图 8-4）

动作要点：

保持身体稳定和较好的节奏感。

图 8-4

二、下肢快速伸缩复合训练

1. 侧向蹦跳摆臂

动作说明：

保持身体直立，双脚并拢；向一侧滑步，向上过头摆动双臂；双脚并到一起，双臂下落并于体前交叉。重复动作，然后交换方向。（见图8-5）

动作要点：

上下肢协调，蹬地有力。

图 8-5

2. 双腿直膝跳

动作说明：

双脚开立，间距与髋同宽；踝关节发力，在原地持续垂直蹦跳，最大范围地伸展踝关节。（见图8-6）

动作要点：

双腿尽量不屈曲，主要利用踝关节的力量进行弹跳。

图 8-6

动作进阶1：双腿左右直膝跳

动作说明：

双脚开立，间距与髋同宽；踝关节发力，双腿左右跳跃且双脚同时着地。（见图8-7）

动作要点：

保持双脚间距和较好的节奏感。

图 8-7

动作进阶2：单脚左右跳

动作说明：

保持单腿站姿起跳，单脚触地后接着向另一侧单脚跳跃。重复动作。（见图8-8）

动作要点：

协调发力，蹬地有力。

图 8-8

3.弓步交换腿跳

动作说明：

保持弓步姿势进行跳跃，再次起跳并在空中做交换腿动作。重复动作。（见图8-9）

动作要点：

保持上半身直立，着地时屈膝缓冲；蹬伸时双脚发力，双臂积极上摆。

图 8-9

4. 立定跳跃+横向冲刺

动作说明：

先做立定跳远动作，双脚着地，尝试保持身体直立；紧接着做横向（右边或左边）冲刺跑。（见图 8-10）

动作要点：

跳跃与横向冲刺衔接流畅。

图 8-10

5. 单腿小栏架连续侧向跳跃

动作说明：

侧对栏架，保持单腿站姿，靠近栏架的脚抬离地面，屈髋、屈膝；上半身前倾，保持背部平直，双臂位于体侧；双臂快速上摆，以手臂带动身体快速伸髋、伸膝，起跳脚蹬离地面，侧向跳过栏架。连续重复动作。（见图8-11）

动作要点：

蹬地有力，着地时屈髋、屈膝缓冲。

图 8-11

三、躯干快速伸缩复合训练

1. 双腿跪姿平行旋转抛实心球

动作说明：

保持双腿跪姿；双手将实心球抬至腰部水平位置，双臂屈曲；上半身向右侧旋转，同时双手持球移至腰部右侧；髋部发力，带动上半身转向前方，起身至大腿与地面垂直；双手尽可能快速地将球向前抛出。对侧亦然。（见图8-12）

动作要点：

躯干发力，伸髋转体动作积极、主动。

图 8-12

动作进阶1：分腿跪姿旋转向前抛实心球

动作说明：

保持分腿跪姿；双手将实心球抬至腰部水平位置，双臂屈曲；上半身向右侧旋转，同时双手持球移至腰部右侧；髋部发力，带动上半身转向前方；双手尽可能快速地将球向前抛出。对侧亦然。（见图8-13）

动作要点：

躯干发力，伸髋转体动作积极、主动。

图 8-13

动作进阶2：运动姿旋转向前抛实心球

动作说明：

保持基本运动姿势；双手将实心球抬至腰部水平位置，双臂屈曲；上半身向右侧旋转，同时双手持球移至腰部右侧；髋部发力，带动上半身转向前方；双手尽可能快速地将球向前抛出。对侧亦然。（见图8-14）

动作要点：

躯干发力，伸髋转体动作积极、主动。

图 8-14

动作进阶3：弓步姿旋转向前抛实心球

动作说明：

保持弓步姿势；双手将实心球抬至腰部水平位置，双臂屈曲；上半身向右侧旋转,同时双手持球移至腰部右侧;髋部发力,带动上半身转向前方;双手尽可能快速地将球向前抛出。对侧亦然。(见图8-15)

动作要点:

躯干发力,伸髋转体动作积极、主动。

图 8-15

2. 双腿跪姿向下砸实心球

动作说明:

保持双腿跪姿;双手将实心球抬至腹部水平位置,双臂屈曲;快速地将球经头顶移至头后,同时身体略微向后倾斜;髋部发力,带动上半身前倾,双手尽可能快速地将球砸向身体前方的地面。(见图8-16)

动作要点:

核心区肌肉主导发力,动作连贯、快速。

图 8-16

动作进阶：运动姿向下砸实心球

动作说明：

保持基本运动姿势；双手将实心球抬至腹部水平位置，双臂屈曲；快速地将球经头顶移至头后，同时身体略微向后倾斜；髋部发力，带动上半身前倾，双手尽可能快速地将球砸向身体前方的地面。（见图 8-17）

动作要点：

核心区肌肉主导发力，动作连贯、快速。

图 8-17

3. 运动姿实心球斜上抛

动作说明：

保持基本运动姿势；双手将实心球抬至腹部水平位置；快速将球向斜下方移至身体一侧，然后快速向对侧斜上方抛出。对侧亦然。（见图8-18）

动作要点：

核心区肌肉主导发力，动作连贯、快速。

图 8-18

动作进阶：弓步姿实心球斜上抛

动作说明：

保持弓步姿势；双手将实心球抬至腹部水平位置；快速将球向斜下方移至身体一侧，然后快速向对侧斜上方抛出。对侧亦然。（见图8-19）

动作要点：

核心区肌肉主导发力，动作连贯、快速。

图 8-19

参考文献：

[1]Majewska J, Kołodziej-Lackorzyńska G, Cyran-Grzebyk B, Szymczyk D, Kołodziej K, Wądołkowski P. Effects of Core Stability Training on Functional Movement Patterns in Tennis Players[J]. Int J Environ Res Public Health, 2022(23).

[2]Grant R A, Taraborrelli L, Allen T. Morphometrics for Sports Mechanics: Showcasing Tennis Racket Shape Diversity[J]. PLOS One, 2022(1).

[3]Ellenbecker T S, Stroia K. Injury and Illness Surveillance in Tennis: an Evolving Process[J]. Br J Sports Med, 2018(9).

[4]Vescovi J D. Acute: Chronic Training Loads in Tennis: Which Metrics Should We Monitor?[J]. Br J Sports Med, 2017(18).

[5]Benages Pardo L, Buldain Perez D, Orrite Uruñuela C. Detection of Tennis Activities with Wearable Sensors[J]. Sensors(Basel), 2019(22).

[6]Madruga-Parera M, Bishop C, Fort-Vanmeerhaeghe A, Beltran-Valls M R, Skok O G, Romero-Rodríguez D. Interlimb Asymmetries in Youth Tennis Players: Relationships with Performance[J]. J Strength Cond Res, 2020(10).

[7]Ishihara T, Sugasawa S, Matsuda Y, Mizuno M. Relationship of Tennis Play to Executive Function in Children and Adolescents[J]. Eur J Sport Sci,

2017(8).

[8]Misailidi M, Mantzios K, Papakonstantinou C, Ioannou L G, Flouris A D. Environmental and Psychophysical Heat Stress in Adolescent Tennis Athletes[J]. Int J Sports Physiol Perform, 2021(12).

[9]Meffert D, O'Shannessy C, Born P, Grambow R, Vogt T. Tennis Serve Performances at Break Points: Approaching Practice Patterns for Coaching[J]. Eur J Sport Sci, 2018(8).

[10]McCurdie I, Smith S, Bell P H, Batt M E. Tennis Injury Data from the Championships, Wimbledon, from 2003 to 2012[J]. Br J Sports Med, 2017(7).

[11]Baiget E, Colomar J, Corbi F. Joint-specific Postactivation Potentiation Enhances Serve Velocity in Young Tennis Players[J]. J Strength Cond Res, 2023(4).

[12]Mori S, Kosaki K, Tagata R, Kon K, Yasuda R, Nishitani N, Ishizu T, Maeda S. Acute influences of Tennis Services on Cardiac Output and Brachial Hemodynamics in Young Male Tennis Players[J]. J Sci Med Sport, 2022(12).

[13]Lädermann A, Chagué S, Kolo F C, Charbonnier C. Kinematics of the Shoulder Joint in Tennis Players[J]. J Sci Med Sport, 2016(1).

[14]Söğüt M. Gross Motor Coordination in Junior Tennis Players[J]. J Sports Sci, 2016(22).

[15]Dakic J G, Smith B, Gosling C M, Perraton L G. Musculoskeletal Injury Profiles in Professional Women's Tennis Association Players[J]. Br J Sports Med, 2018(11).

[16]Pluim B M, Drew M K. It's Not the Destination, It's the 'Road to Load' That Matters: a Tennis Injury Prevention Perspective[J]. Br J Sports Med, 2016(11).

[17]Armstrong C, Reid M, Beale C, Girard O. A Comparison of Match Load between Padel and Singles and Doubles Tennis[J]. Int J Sports Physiol

Perform, 2023(5).

[18]Ellis D G, Speakman J, Hambly C, Morton J P, Close G L, Lewindon D, Donovan T F. Energy Expenditure of a Male and Female Tennis Player during Association of Tennis Professionals/Women's Tennis Association and Grand Slam Events Measured by Doubly Labeled Water[J]. Med Sci Sports Exerc, 2021(12).

[19]Cant O, Kovalchik S, Cross R, Reid M. Validation of Ball Spin Estimates in Tennis from Multi-camera Tracking Data[J]. J Sports Sci, 2020(3).

[20]Martin C, Kulpa R, Ezanno F, Delamarche P, Bideau B. Influence of Playing a Prolonged Tennis Match on Shoulder Internal Range of Motion[J]. Am J Sports Med, 2016(8).

[21]Perri T, Duffield R, Murphy A, Mabon T, Reid M. Competition Scheduling Patterns of Emerging Elite Players in Professional Men's Tennis[J]. J Sports Sci, 2021(18).

[22]Broadbent D P, Ford P R, O'Hara D A, Williams A M, Causer J. The Effect of a Sequential Structure of Practice for the Training of Perceptual-cognitive Skills in Tennis[J]. PLOS One, 2017(3).

[23]Van der Sluis A, Brink M S, Pluim B, Verhagen E A, Elferink-Gemser M T, Visscher C. Is Risk-taking in Talented Junior Tennis Players Related to Overuse Injuries?[J]. Scand J Med Sci Sports, 2017(11).

[24]Hüfner A, Dodt C. Spiral Fracture of the Humerus after a Tennis Serve[J]. Dtsch Arztebl Int. 2017(8).

[25]Kilit B, Arslan E. Effects of High-intensity Interval Training Vs on-court Tennis Training in Young Tennis Players[J]. J Strength Cond Res, 2019(1).

[26]Reid M, Wood T, Montgomery A M, Botterill E, Kovalchik S, Omizzolo M, Malara F, Rotstein A, Hoy G. MRI Does Not Effectively Diagnose Ulnar-sided Wrist Pain in Elite Tennis Players[J]. J Sci Med Sport, 2020(6).

[27]Pluim B M, Clarsen B, Verhagen E. Injury Rates in Recreational Tennis Players Do Not Differ between Different Playing Surfaces[J]. Br J Sports Med, 2018(9).

[28]Müller F, Jauernig L, Cañal-Bruland R. The Sound of Speed: How Grunting Affects Opponents' Anticipation in Tennis[J]. PLOS One, 2019(4).

[29]Lynall R C, Kerr Z Y, Djoko A, Pluim B M, Hainline B, Dompier T P. Epidemiology of National Collegiate Athletic Association Men's and Women's Tennis Injuries, 2009/2010-2014/2015[J]. Br J Sports Med, 2016(19).

第九章　飞盘项目的快速伸缩复合训练方法

第一节　飞盘运动的项目特征

飞盘是通过飞盘进行的快节奏的、非接触式的、自我裁判的团队性竞技运动项目。它融合了很多运动项目的特点，具有团队运动项目独有的对抗性和侵略性特征，是一项要求既简单，又苛刻的运动项目，技术难度高，挑战性大。飞盘是世界上唯一的采取自我裁判的竞技比赛项目，具有自由度高、团队合作、对技术要求高、对身体素质要求全面、高度竞技性、强调乐趣和社交性等特点。

飞盘运动既有足球运动的影子，又具有篮球运动的形式，还糅合了橄榄球的比赛模式，可谓是多种运动项目的结合体。这项运动多数情况下是参与者在无盘高速跑动状态下进行的，所以对提高参与者的身体素质具有积极的作用。在团队飞盘比赛中，运动员常常需要将飞盘准确地掷到快速移动的队友的可控范围内。虽然飞盘运动原则上不允许运动员之间有身体接触，但是在团队飞盘比赛中，双方共14名运动员在37m×100m的场地内进行对抗，在争夺1/2盘时，必要的身体接触是被允许的。在飞盘掷准比赛中，运动员需要在复杂的环境下将飞盘精准地掷入很小的框内，因此可以说，飞盘运动是多种运动形式交融的项目。

一、飞盘运动快速伸缩复合训练的需求

极限飞盘是一项极具竞技性和娱乐性的团体运动项目。在比赛中，运动员常常需要在瞬间完成加速、减速、多方向移动等技术动作，对运动员的速度素质提出了更高的要求。飞盘运动员在比赛中争抢飞盘时需要采用不同的速度进行奔跑，在跑动过程中掌握对飞盘移动的路线、落点的控制，最后用助跑、起跳、接盘等技术动作去完成一次飞盘传接的过程。在这个过程中，运动员主要采用短距离冲刺、减速、变向、阻截、抢断、夺盘等技术动作，在合适的空间内、获得进攻机会的前提下进行有效的得分，赢得比赛。跑和跳几乎涵盖了极限飞盘运动中的全部上下肢动作，上肢动作主要包括扔、接飞盘，下肢动作主要是跑动和弹跳。这便要求飞盘运动员具备较好的爆发力和力量耐力，在进行正手掷盘、反手掷盘等技术动作时，需要依靠腰腹力量，带动手臂将飞盘掷出。进行快速伸缩复合训练可以有效提高运动员的爆发力、灵敏性和下肢快速力量。

二、不同位置的训练特征

在极限飞盘运动中，每个队都由7名运动员组成，而运动员个人能力的发挥和团队配合情况的好坏直接左右着比赛的胜负。因此，战术的实施需要团结协作的精神，它体现为一种协调、约束的机制，不但要求个人行为服从集体，而且需要个人与他人的相互配合，只有这样，才能使团队的力量达到1+1＞2的效果。增加团队的力量，就必须以个人较高的技术水平和战术意识为基础。极限飞盘比赛也对场上运动员不同的站位及不同位置运动员的能力有相应的要求。

1号运动员即左翼接盘手（站在场地左侧），4号运动员即右翼接盘手（站在场地右侧），3号运动员即穿插接盘手（站在场地中央），5号、6号、7号运动员即控盘手（站在场地后方）。两翼接盘手需要具备长距

离奔袭和折返跑的能力,以及较强的接盘能力。更为关键的是,他们需要具有迅速摆脱防守的能力,以获得长传的机会。穿插接盘手需要具备良好的爆发力,快速启动,摆脱防守,并且需要有快速而敏锐的反应能力,能够在穿插跑动中拉开空当,掩护队友,获得传接盘的机会。控盘手不仅需要具备良好的传盘技术,而且还需要有良好的视野和敏锐的判断能力。更重要的是,他们需要随时根据场上的变化调整进攻策略。

三、飞盘运动快速伸缩复合训练的应用

飞盘是一项强调弹跳能力、快速移动能力及灵敏素质的项目,主要表现在启动迅速、转向迅速、跳起接盘后保持身体平衡等方面。进行急停、急转、快速摆脱对手是极限飞盘运动战术的需要,也是优秀运动员个人能力的重要体现。

高水平的极限飞盘运动员不仅需要具有基本的跑动能力,同时还需要具有较强的弹跳能力。弹跳能力反映的是极限飞盘运动员腿部肌肉收缩的速度、力量和全身的爆发力情况,因此,力量和速度是弹跳能力的核心要素。弹跳能力训练方法很多,腿部力量、腰腹部力量、爆发力的训练,以及包括各种跳跃练习的全身协调性训练等都是训练弹跳能力的重要手段。爆发力素质作为飞盘运动员一项最基本的身体素质,对于在比赛中出色地完成各项技术动作和战术配合具有重要的意义。飞盘运动的对抗性要求运动员在防守和进攻的过程中做到快速启动变向,迅速摆脱防守人员,这就要求运动员必须具备良好的力量和爆发力,才能保证在比赛的对抗过程中占据上风。快速伸缩复合训练可以有效、快速地提高运动员的爆发力、肌肉反应速度及身体核心力量水平,在短时间内采用高强度训练,能够达到肌肉最大力量练习的效果。

第二节　飞盘项目的技术动作特征

一、飞盘技术

飞盘技术指飞盘运动所需的各种技术动作和技巧。这些技术动作包括掷盘、接盘、传盘、防守、进攻等。掷盘是将飞盘从一方传递到另一方的基本动作。在掷盘时，运动员需要掌握合适的姿势和力量，以确保飞盘的飞行轨迹准确而稳定。掷盘技术包括抓盘、扔盘的动作和技巧，采取不同的手势和力量控制方法能使飞盘达到预期的飞行距离和方向。接盘指在飞盘飞行的过程中，运动员准确地接住飞盘的动作。接盘技术需要良好的空间感知能力和快速反应能力作为支撑。运动员需要根据飞盘的飞行轨迹和速度准确判断飞盘的落地位置，采取合适的动作来接住飞盘，以避免飞盘落地或被对方抢夺。传盘指将飞盘传递给队友或进攻对方的动作。传盘技术需要运动员具备准确的判断和传递能力，运动员需要根据比赛情况和队友的位置选择合适的传盘方式和力量，以确保飞盘被准确传递到目标位置。防守指在对方进攻时采取措施阻止对方得分的动作。防守技术包括盯人防守、区域防守、拦截等。运动员需要准确判断对方的进攻意图和动作，采取合适的防守动作和策略，以阻止对方得分。进攻指攻击对方目标区域的技术。进攻技术包括快速传递、突破防线、准确投篮等。运动员需要通过快速传递和灵活的身体动作打破对方的防守，以便将飞盘投入对方目标区域而得分。

总之，极限飞盘技术需要运动员具备空间感知能力、快速反应能力、协作能力和准确判断能力，通过不断的合理训练提高自己的技术水平，以在比赛中实现优异的表现。

二、飞盘技术的主要特征

（一）对抗性与竞技性

极限飞盘运动是以争抢飞盘为竞技内容，没有身体接触的快节奏团体性竞技项目，具有无身体接触的对抗性及抢夺飞盘的竞技性。与其他户外极限运动相比，它是一项挑战性大、对技术要求较高的运动项目，融合了足球、篮球、橄榄球等多个运动项目的各项特征。它借鉴了足球场上的攻防落位及战术形式。极限飞盘运动需要进行的大范围的快速跑动和传接飞盘的运动形式具备与足球相同的以有氧为主，以无氧为辅的混合供能的特点；在比赛规则上，持盘运动员要固定中枢脚，不能走步违例又借鉴了篮球规则中带球走违例的规则，并且融合了篮球比赛中众多的进攻、防守配合战术；在双方得分区的场地方面借鉴并融合了橄榄球项目通过到达得分区获得比分的比赛特点；它还体现了曲棍球运动中进攻跑位、传递等配合战术，以及排球运动得分方发球进行攻防转换的特点。这些项目特点的结合造就了具备多元特色、独具魅力的极限飞盘运动。

（二）观赏性

极限飞盘是一种节奏快、竞争激烈的团体运动项目，主要通过队友与队友的相互传递、相互配合而完成。它融合了很多运动项目的特征，需要双方在运动过程中进行相互对抗和制约；个人高超的技术与团队之间变化多样的战术配合，以及激烈、紧张的竞争氛围都使得极限飞盘运动的观赏性得到充分的体现。

（三）特殊性与安全性

极限飞盘运动不同于其他的运动项目，它的特殊性在于比赛中不得有身体接触行为，没有裁判员，而由运动员自行裁判，虽试行了最新的裁判法，但裁判员也不能干预运动员之间的裁判。当运动员被触碰而喊了犯规，则暂停比赛，对此次犯规进行裁判。对手承认，则由被犯规运动员持盘宣告比赛继续；对手不承认，则将飞盘返回上一个传盘的运动员手中，由他宣告比赛继续。主要依赖于每个运动员都遵守公平竞赛的飞盘精神。它的安全性在于没有身体上的碰撞，只能防守飞盘的路线，唯一一个可产生身体接触的时刻在于双方运动员抢夺飞盘的瞬间，从而极大地减少了双方的身体触碰，保障了运动员的人身安全，降低了他们运动受伤的风险，彰显了极限飞盘运动的安全性。

（四）复杂性

在掷飞盘技术中，最常用的有反手掷飞盘技术和正手掷飞盘技术。两者都利用手与臂的相互配合，通过鞭打动作最终将飞盘掷出，最主要的技术动作是送手和抖腕。在这两个技术的基础上又演化出了多种变化，如在矢状面上的反手掷上漂盘技术、反手掷下漂盘技术、正手掷上漂盘技术、正手掷下漂盘技术，在矢状面和冠状面上的反手掷内弧线盘技术、反手掷外弧线盘技术、正手掷内弧线盘技术、正手掷外弧线盘技术，以及一些非常规的掷盘方式，如hammer技术等。接飞盘技术主要为薄饼式接盘（双手夹盘）。薄饼式接盘是最稳妥的接盘方式，也是初学者应该最先掌握的接盘方式，一般在飞盘飞向接盘人腰部以上、肩膀以下位置时采用，以双手拍盘动作为主。另外，在比赛中，当防守人与接盘人距离比较近，要采用蟹钳式接盘，保证在防守人之前接到飞盘，一般在飞盘高于肩膀或者低于腰部时使用，包括单手接盘和双手接盘。如此多的飞盘传接技术，加上掷盘时出手角度的多样性，产生了不同的变化。由此可见飞盘运动在运动技术上的复杂性。

三、飞盘技术训练与运动生理学的关系

在比赛过程中，双方因为争夺飞盘，需要在场地进行不间断的长时间的奔跑，这使得运动员的身体负荷处于频繁更换且没有规律性的状态。其肌体的供能通常以有氧供能为主，因而在耐力训练的方面要始终坚持以有氧耐力训练为基础，以无氧训练为辅。极限飞盘运动是以有氧供能为主的

运动项目，在整场的比赛当中需要根据场上情况的变化采用不同强度的冲刺跑或快速跑来完成一些爆发式的技术动作，每一次跑动都带有较强的目的性，并且展示了相应的战略和战术。身体长时间处于不间断的运动状态，其中包含了低强度、中强度、高强度肺活量的特点，主要依靠磷酸原系统提供能量。在比赛过程中，最大速度的跑动占比较小，因为进行过多的冲刺会动用磷酸原系统及糖酵解系统，快速降低三磷酸腺苷含量，提高血乳酸水平，促使乳酸堆积，身体机能恢复较慢，从而影响后面的比赛。极限飞盘运动员的体力恢复不是在比赛后才开始的，而是有节奏性地体现在整个比赛的全过程当中。因此，在比赛中恢复并维持磷酸原系统正常供能的能力至关重要，而磷酸原系统的恢复需要依靠有氧代谢系统。由此可见，耐力素质对极限飞盘运动员来说是不可或缺的。

第三节　飞盘项目的快速伸缩复合训练方法[①]

一、上肢快速伸缩复合训练

1. 跪姿胸前推实心球

动作说明：

保持双腿跪姿，上半身和大腿垂直于地面；双手将实心球抬至胸部水平位置，双臂屈曲；尽可能快速地将球向前推出。（见图9-1）

动作要点：

躯干直立，发力快速。

---

① 本章动作示范：刘俊威。

图 9-1

动作进阶1：分腿跪姿胸前推实心球

动作说明：

保持分腿跪姿，左腿在前，右膝跪在垫上；双手将实心球抬至胸部水平位置，双臂屈曲；尽可能快速地将球向前推出。重复规定的次数。对侧亦然。（见图9-2）

动作要点：

保持身体稳定，发力快速。

图 9-2

动作进阶2：弓步姿胸前推实心球

动作说明：

保持弓步姿势；双手将实心球抬至胸部水平位置，双臂屈曲；尽可能

快速地将球向前推出。(见图9-3)

动作要点:

保持身体直立,发力快速。

图9-3

2.单腿站姿胸前推实心球

动作说明:

保持单腿站姿,左腿屈曲90°,大腿与地面平行;双手将实心球抬至胸部水平位置,双臂屈曲;尽可能快速地将球向前推出。重复规定的次数。对侧亦然。(见图9-4)

动作要点:

保持身体稳定,发力快速。

图9-4

二、下肢快速伸缩复合训练

1. 抱膝跳

动作说明：

双脚开立，间距与髋同宽；从一个反向动作开始向上爆发式跳起，跳起后，膝盖靠近胸部，双手快速抱住膝盖，在着地前放开。（见图9-5）

动作要点：

向上跳跃时身体微屈，做抱膝动作；着地时积极缓冲。

图 9-5

2. 分腿蹲跳

动作说明：

保持分腿跪姿；爆发式跳起，如有需要可以借助手臂；着地时保持弓步姿势，同一条腿在前，组内不做交换腿。（见图9-6）

动作要点：

如借助摆臂，上下肢协调发力，动作向上；强调跳跃的最大高度和爆发性；完成一组练习后，休息并换腿。

图 9-6

动作进阶：交换腿分腿蹲跳

动作说明：

保持弓步姿势，一条腿在前，屈髋、屈膝约90°，另一条腿在身体中心线后方；向上跳起；下落时保持弓步姿势（另一条腿在前）。立即重复动作。（见图9-7）

动作要点：

弓步时不要蹲得太深（正确动作如图所示），以免无法有效地进行随后的跳跃。

图 9-7

3. 双腿纵跳

动作说明：

双脚开立，间距与肩同宽；先做向下的反向动作，然后借助双臂做爆发式跳起，回到起始姿势。重复动作。（见图9-8）

动作要点：

上下肢协调发力，动作向上；两次跳跃之间可以有一定的恢复时间。

图 9-8

动作进阶：单腿纵跳

动作说明：

保持单腿微屈曲站姿；先做向下的反向动作，然后借助双臂做爆发式跳起，着地时同一条腿在前，回到起始姿势。换另一条腿重复动作。（见图9-9）

动作要点：

双臂积极上摆，动作向上，着地时积极缓冲；两次跳跃之间可以有一定的恢复时间。

图 9-9

三、躯干快速伸缩复合训练

1. 过顶扔实心球

动作说明：

保持双腿跪姿，上半身和大腿垂直于地面；双臂微屈，双手持实心球于胸前；将球经头顶移至头后；尽可能快速地将球向前抛出。（见图9-10）

动作要点：

核心收紧，保持身体稳定。

图 9-10

动作进阶1：分腿跪姿扔实心球

动作说明：

保持分腿跪姿，左腿在前，右膝跪在垫上；双臂微屈，双手持实心球于胸前；将球经头顶移至头后；尽可能快速地将球向前抛出。重复规定的次数。（见图9-11）

动作要点：

核心收紧，保持身体稳定。

图 9-11

动作进阶2：弓步姿扔实心球

动作说明：

保持弓步姿势，右腿在前；双臂微屈，双手持实心球于胸前；将球经头顶移至头后；双手尽可能快速地将球向前抛出。（见图9-12）

动作要点：

核心收紧，保持身体稳定。

图 9-12

2.双腿跪姿平行旋转扔实心球

动作说明：

保持双腿跪姿；双手将实心球抬至腰部水平位置，双臂微屈；上半身向右侧旋转，同时双手持球移至腰部右侧；髋部发力，带动上半身转向前方，起身至大腿与地面垂直；双手尽可能快速地将球向前抛出。（见图9-13）

动作要点：

发力有控制，收紧臀部。

图 9-13

动作进阶 1：分腿跪姿平行旋转扔实心球

动作说明：

保持分腿跪姿；双手将实心球抬至腰部水平位置，双臂微屈；上半身向右侧旋转，同时双手持球移至腰部右侧；髋部发力，带动上半身转向前方，起身至大腿与地面垂直；双手尽可能快速地将球向前抛出。（见图 9-14）

动作要点：

发力有控制，收紧臀部。

图 9-14

动作进阶 2：弓步姿平行旋转扔实心球

动作说明：

保持弓步姿势；双手将实心球抬至腰部水平位置，双臂微屈；上半身向右侧旋转，同时双手持球移至腰部右侧；后面的腿蹬地发力，带动上半身转向前方；双手尽可能快速地将球向前抛出。（见图 9-15）

动作要点：

发力有控制，后面的腿积极蹬地发力。

图 9-15

参考文献：

[1] 贾立强. 飞盘运动 [M]. 北京：社会科学文献出版社，2017.

[2] 苏煜，尹博. 极限飞盘运动 [M]. 北京：北京体育大学出版社，2010.

[3] 宋鸽，张钰. 极限飞盘 [M]. 大连：大连理工大学出版社，2016.

[4] 许新厦. 大学极限飞盘教程 [M]. 长沙：湖南大学出版社，2022.

[5] 周川，李书香. 核心力量对极限飞盘运动员身体素质的影响研究 [J]. 体育科技文献通报，2023（5）.

[6] 李闯. 新兴体育亚文化部落社群的消费实践与形成机制 [J]. 中国青年研究，2022（10）.

[7] 杨志，常江. 飞盘运动项目特点研究 [J]. 当代体育科技，2021（27）.

[8] 邓杰，吴彩荣，於鹏. 极限飞盘运动研究 [J]. 体育文化导刊，2014（2）.

[9] 高响亮. 我国开展极限飞盘运动的现状与发展对策 [J]. 体育学刊，2010（4）.

[10] 赖敏，李国泰. 飞盘运动简介及其在重庆的兴起 [J]. 体育师友，2006（3）.

[11] 曹建民，张健. 极限运动（一）[J]. 中国学校体育，2002（1）.

[12] 孙敏. 极限飞盘对五年级小学生体质健康和体育学习兴趣的影响研究——以南京市金陵中学龙湖分校小学为例 [D]. 南京：南京体育学院，

2023.

[13]许淼.极限飞盘运动对大学生身体素质影响的实验研究[D].南京：南京体育学院，2023.

[14]刘丝.上海市极限飞盘运动开展的影响因素及发展策略研究[D].上海：上海体育学院，2022.

[15]王锦.南京市高校极限飞盘运动推广路径的研究[D].南京：南京体育学院，2021.

[16]苗旭.单、双侧快速伸缩复合训练对高中女子足球运动员下肢爆发力的影响[D].北京：北京体育大学，2021.

[17]黄恒胜.快速伸缩复合训练对高中足球专项班学生下肢爆发力影响的实验研究[D].扬州：扬州大学，2020.

[18]刘少虎.极限飞盘反手投掷动作运动生物力学分析[D].牡丹江：牡丹江师范学院，2019.

[19]贾群望.极限飞盘运动社区推广的实证研究[D].石家庄：河北师范大学，2014.

[20]高响亮.普通高校开设极限飞盘课程的可行性研究——以浙江万里学院为例[D].上海：华东师范大学，2010.

[21]邓璀璀.极限飞盘运动专项身体素质需求及训练对策研究//中国班迪协会，澳门体能协会，广东省体能协会.第七届中国体能训练科学大会论文集.2022.

[22]梁海燕.美国飞盘运动发展及其对我国的启示//中国体育科学学会.第十一届全国体育科学大会论文摘要汇编.2019.

[23]Lundin P. Plyometrics: A review of Plyometric Training[J]. Strength&Conditioning Journal, 1985(3).

[24]Winograd E, Engsberg J R. Throwing Techniques for Ultimate Frisbee[J]. The Sporf, 2012.

第十章 攀岩项目的快速伸缩复合训练方法

第一节 攀岩运动的项目特征

攀岩运动是从登山运动中派生出来的一项竞技体育运动项目，是一项攀爬者利用人类的攀爬本能，借助技术装备和同伴的保护，仅依靠自己手、脚的力量来控制身体平衡，攀登一些主要由岩石构成的峭壁、裂缝、岩面、大圆石、人工岩壁等的心智型体育运动。

攀岩运动是攀登运动中的一种，开展形式多种多样，大致可分为高山探险（Mountaineering）、攀岩（Rock Climbing）、攀冰（Ice Climbing）和冰岩混合攀登（Mix Climbing）。此外，根据运动过程中场地、使用器械、保护方式、比赛形式等不同分类标准，攀岩运动又可被具体划分为多种形式。如按是否使用器械可分为传统攀登、自由攀登、无保护攀登、攀石、大岩壁攀登、器械攀登和运动攀登，按保护方式可分为先锋攀登、顶绳攀登和后继者攀登，按场地可分为人工岩壁攀登和天然岩壁攀登，按比赛形式可分为难度赛、速度赛及攀石赛。

孟刚等认为攀岩运动表现为攀登者借助技术装备和同伴的保护，在不同高度和角度的岩壁上及有限的时间内，选择自己认为最佳的、最合理的线路，准确地完成腾挪、转身、跳转、引体等惊险的技术动作，依靠自身顽强的意志、体力和思维能力完成整条线路的攀登。它对攀登者的身体素质、心理素质和意志品质都有较高的要求。攀登者利用精湛的技艺和娴熟的技巧在峻峭的岩壁上完成各种闪转腾挪、动态蹿跳、引体向上等惊险动作，静若壁虎，矫似雄鹰，动静结合，刚柔相济，因而，这项运动极具美感和观赏性，是集探险、健身、娱乐、竞技、休闲功能于一体，融惊险、勇气、美感、智慧、时尚元素于一身的新兴潮流运动项目，素有"岩壁上的艺术体操"和"岩壁芭蕾"的美誉，受到越来越多的年轻人的关注和青睐。

一、攀岩运动快速伸缩复合训练的需求

随着国内攀岩运动的迅速发展及运动技术水平的不断提高，攀岩运动力量训练逐渐引起了人们的重视。攀岩运动是一项集技巧、难度和欣赏性为一体的新兴运动项目，对运动员的身体素质有较高的要求。在攀爬过程中，参与者在做闪、转、腾、挪、跳跃等每个动作时，都需要靠肌肉收缩的力量克服重力、阻力和离心力。拥有较好的力量素质不仅是攀岩运动的基础，而且还有助于提高攀岩运动的技战术水平。另外，合理的力量训练能够使特定肌肉群得到强化，增强攀岩运动员的综合实力。大多数研究表明，进行快速伸缩复合训练不仅能提高攀岩运动员的爆发力、快速变向能力和反应速度，还能提高运动员的加减速、快速制动等能力。

二、不同项目的训练特征

攀岩赛可分为难度赛、速度赛和攀石赛。攀岩运动可以提高多方面的身体素质，包括抓握能力（指力）、前臂耐力、力量、爆发力、速度、柔韧性、平衡能力等，并且，不同赛事对竞技攀岩运动员各种素质的要求程度不同。

抓握能力是攀岩运动员区别于其他竞技项目运动员的主要运动素质。

在攀岩赛事中，攀石运动员需要面对各种复杂多变的动作技术和大小不一的岩点，因此对其抓握能力的要求最高；对需要在岩壁上持续运动的难度赛运动员的要求次之；由于速度赛赛道几乎不变，并且岩点相对大，对速度赛运动员的抓握能力的要求最低。基于此，在设计完整的攀岩体能训练内容时，需要将抓握能力作为攀石和难度专项体能训练计划的重要组成部分。

前臂力量也是竞技攀岩运动员重点发展的能力素质之一，特别是前臂耐力。攀岩运动员前臂耐力表现为典型的收缩—松弛耐力形式。从攀岩的动作模式和在岩壁上持续发力的时间来看，前臂耐力是攀石赛和难度赛运动员取得成绩的重要素质。一场比赛中，难度赛运动员的前臂肌肉持续发力时间长于攀石赛和速度赛运动员，所以，相对于攀石赛和速度赛运动员，其前臂耐力素质的发展较受重视。速度赛运动员在岩壁上的持续发力时间只有几秒，对其前臂肌肉的要求仅限于能很好地抓握速度岩点，并做爆发式发力。

最大力量是各项体能素质发展的重要基础。在攀岩竞赛中，运动员需要克服自重在岩壁上完成各种向上攀爬的动作技术，这就需要攀岩运动员重视最大力量，特别是上肢最大力量的发展。尽管攀岩是全身肌肉参与的运动项目，但是在岩壁上移动时，起着控制、协调、发力等重要作用的主要是上肢，因此要对上肢力量训练给予足够的重视。要在最大力量训练中取得较好的效果，必须根据攀岩项目的需要发展运动员的最大力量；若脱离专项的特点盲目地发展，容易事倍功半。

爆发力是竞技运动员攀岩水平提高的关键素质之一，尤其是主要由背部、肩部和手臂肌肉参与并实施的上半身爆发力。攀岩竞赛的三个项目对爆发力的要求都很高，可以说，拥有较高的爆发力水平是三个项目运动员站上领奖台的关键。因此，速度、攀石和难度项目的运动员都需要将爆发力训练作为体能训练的主体内容。

柔韧性能够为很多技术动作的有效完成提供身体支撑，减少受伤的发生。攀岩动作变化多端，同一条攀岩线路上，不同身体素质的运动员所选择的完成动作可能完全不同，攀岩运动员柔韧性的好坏也可能是决定攀岩线路的完成的关键。在攀岩运动员完成高难度动作的过程中，良好的柔韧性能够帮助他们减少肌肉代偿的发生，避免发生运动损伤，延长他们的攀岩运动生涯。所以在相关体能训练设计中，可将柔韧性训练穿插在热身阶段或最后的拉伸阶段，这样既不会降低训练强度，又可以促进热身和恢复再生。

平衡性代表攀岩运动员对身体的控制能力。攀石赛和难度赛攀爬线路的制定逐渐演变出协调、动态、平衡等多种风格线路的事实，以及速度攀岩中小到百分位的分差，都要求运动员有较强的身体控制能力。在难以保持稳定的高空最大限度地发挥出身体能力，是攀岩运动员进行体能训练的主要目的之一，需要较好的平衡素质作为支撑，因此，应该在攀岩运动员的体能训练中强调平衡素质训练。

速度素质是主导速度攀岩的主要身体素质，包括反应速度、移动速度等。速度攀岩中的速度素质与传统短跑项目中发展的速度素质并不一样，速度攀岩是运动员比拼向上攀爬动作速度的运动项目，提高地面跑步速度并不能提高攀岩速度。具体来说，速度攀岩需要提高向上的速度，而不是向前的速度。所以，对于这项运动，需要制定特殊的体能训练计划，帮助运动员更好地获得专项运动表现。

三、攀岩运动快速伸缩复合训练的应用

攀岩运动是一项强调强大的力量、爆发力、耐力，较好的灵活性、稳定性和平衡感的运动。对攀岩运动员来说，上肢、核心区和下肢的力量训练是极其重要的。在上肢快速伸缩复合训练方面，爬杆练习、增强式推撑、拉力器练习等训练方法能有效提高手部、腕部肌群和上肢力量素质；使肌肉进行等张和等长式收缩，显著增强上臂肌群的屈肌力量和上肢最大

拉引力量。核心区快速伸缩复合训练则分为徒手训练和器械辅助训练。在器械辅助训练中，上肢推举轻器械、跨越栏架后下蹲、增强式仰卧起坐等训练方法能有效提高身体核心部位肌群整体协调用力能力，提高核心肌群整体协调力量对于形成灵活、有力、协调的攀岩运动动作技能具有一定的基础意义。在下肢快速伸缩复合训练方面，可通过提踵、负重蹲起、跳绳等训练方法有效提高踝关节的屈伸能力，增强下肢的爆发力和最大力量，提高下肢的动作速度。

第二节　攀岩项目的技术动作特征

一、攀岩技术

攀岩技术指在攀岩规则允许的条件下，运动员采用的各种合理的攀爬动作，以及在完成整条线路过程中必不可少的其他配合动作。攀岩运动的特点是极具惊险性、刺激性、技术性和趣味性。无论在户外还是室内，攀爬者都必须依靠自己的双手、双脚在一条合理的攀岩线路上，通过岩壁上突出的支点，灵活地控制自身重心的移动，一点点向上攀爬。攀爬者需集力量、耐力、柔韧性和平衡性于一身。

攀岩技术可被详细分为基本手法、基本脚法和基本技术动作。首先，在攀岩运动中，手的作用是保持身体重心平衡，协调配合脚的用力，动作包括握、拉、抓、抠、压、捏、撅等，都是针对岩壁上突出的支点的位置、形状、大小和方向发明的不同的抓握技术；其次，攀岩运动中脚部较手部具有更强的负重能力和爆发力，其作用是在攀爬中完成各种技术动作，包括脚尖正踩点、踩摩擦点、脚尖钩点、脚尖挂点、胀脚等；最后，攀岩运动中的基本技术动作表现为将基本手法和基本脚法结合，全身参与完成腾挪、转身、跳转、引体等技术动作，包括异侧侧拉、换手或脚、反扣、蹲跃、挂脚顶胯、转膝侧身、引体抓点等。

二、攀岩技术的主要特征

（一）攀岩是一项动力链复杂的运动

攀岩是一项远离地面，对抗重力的运动，涵盖了各种各样的身体动作。在攀爬的过程中，身体的各个关节和肌肉都需要参与动作的完成。在攀岩运动中，如果在大部分时间里仅仅依靠双脚前脚掌部分和双手手指接触岩点，会感觉到线路越难，双脚和双手越难控制岩点。所以，在借助反作用力极为有限地向岩点对抗重力完成攀岩线路的条件下，身体的某个部位存在不足会导致某些技术动作完成质量不高，损耗较多的力。如果身体存在多个不足的部位，要发力并实现在身体内部传导力量最大化有效是极其困难的。在攀岩运动中发生损伤的原因之一就是力的传导不正确，导致产生的力量无法有效传出。

（二）攀岩要求全面的身体能力

攀岩运动在线路和难度系数上有不同的设计，不同的线路考验着运动员不同的身体能力，完成过程中充满随机性，需要运动员具有良好的将强大的力量、爆发力、耐力，较好的灵活性、稳定性、平衡感等体能素质转化为竞技攀爬表现的能力。速度攀岩的线路是固定的，运动员攀爬动作的连贯性和速度取决于全面、独特的身体能力和对先进技术动作的学习。除此之外，优秀的攀岩竞技运动员还需要具备良好的攀爬感觉和攀爬意识，即"岩感"，这是运动员在成千上万次攀爬各类风格的攀岩线路中培养出来的。如果一位攀岩运动员在任何部分存在薄弱之处，他们攀岩事业的发展都会遇到瓶颈；并且，身体素质越低下，攀岩技能越无法长进。

（三）核心肌群稳定性与控制力是攀岩的关键

攀岩运动区别于其他运动项目的特点是：运动员必须离开地面；在各

种形状的岩点和各种角度的岩壁上，更要求运动员有强大的核心区肌群稳定性和控制能力。只有核心区肌群稳定且具有强大的控制能力，才能实现以核心区肌群为原动肌，将能量作用于可使用的岩点，有效带动四肢完成各类攀爬动作。例如，对于跳跃、三脚猫、同边发力、侧身发力、速度的重心控制、高脚动态等技术动作，若运动员的核心区肌群不够稳定，控制能力不强，会导致动力不足，竞技能力受限。

（四）攀岩体能训练的程序性

攀岩技术动作的本质要求身体在保持平衡的状态下进行爆发。要提高攀岩竞技能力，必须强调力量和爆发力；要将之有效地运用到竞技表现中，灵活性、平衡性和稳定性是基础。这样，专项速度、专项耐力、岩壁感觉等素质才能随之提高。这些具体内容的训练顺序与训练内容一样重要。没有经过一定的灵活性和稳定性基础训练就大量进行力量训练的运动员，发生运动损伤的概率极大；同理，没有力量支撑的速度训练也是徒劳的。所以，先打好功能基础再进行训练，对于塑造真正适应攀岩运动特征的身体至关重要。

三、攀岩技术训练与运动生理学的关系

从生理学角度来看，攀岩运动涉及有氧耐力、无氧耐力、力量、速度、柔韧性、心血管系统等因素。在改变肌肉的形态及工作能力方面，要增强肌肉收缩力量，主要通过训练改变肌肉纤维的类型，增加肌肉的横断面。针对攀岩运动的动作技能特征，在进行攀岩运动专项力量训练时，主要以增加肌肉横断面的白肌纤维数量为目的。在正常肌肉生理收缩范围内，肌肉收缩力量与肌肉长度成正比，所以，优秀的竞技攀岩运动员一般肌肉初长度都比较长。在神经系统方面，对肌肉收缩的调控体现为人体神经系统将大脑动作指令向肌肉组织有机传递的过程，提高神经系统对肌肉收缩的调控能力体现为通过训练改善神经系统的机能调节功能，增强神经

的信息传输能力，调动更多的肌肉纤维参加收缩运动。经过专业训练，优秀的攀岩运动员在以最大力量进行收缩时，神经系统可动员90%的肌纤维参与工作；而普通人在用最大力量时只能动员60%的肌纤维参与工作。攀岩速度赛项目主要发展无氧代谢能力，以磷酸原系统供能比例为最大，糖酵解系统和乳酸能系统供能比例次之。在训练中要注重发展运动员的速度力量，增加肌肉的磷酸原能源储备、提高神经—肌肉系统的调控能力将是该项目制胜的关键环节。速度攀登运动员以磷酸原供能为主，以糖酵解供能为辅。

在生理学疲劳方面，攀岩训练后易产生的疲劳包括肌体疲劳和神经系统疲劳，疲劳之后若得不到恢复，会严重影响攀岩训练人员的身体状况和积极性。消除疲劳和恢复的手段则是依靠物理按摩、营养物质的科学摄入，中药调理、针灸等方法也可为攀岩运动员快速恢复体力提供科学、有效的帮助。

第三节 攀岩项目的快速伸缩复合训练方法[①]

一、上肢快速伸缩复合训练

1. 爆发式水平引体

动作说明：

保持身体水平，双手拉住杠铃杆，以脚后跟支撑下肢，肩胛微收；双臂用力，快速将身体拉起，到达顶峰时双手微微松握；双手紧握缓冲，使身体下落。（见图10-1）

---

① 本章动作示范：刘俊威。

动作要点：

肩胛微收，核心收紧，身体呈一条直线。

图 10-1

2. 助力爆发式引体

动作说明：

将弹力带纵向或横向悬挂，达到助力的目的。保持引体向上的准备姿势；双臂发力，快速将身体拉起，到达顶峰时双手略微松握；双手紧握缓冲，使身体下落。（见图 10-2）

动作要点：

肩胛微收，发力快速而连贯。

图 10-2

动作进阶1：爆发式引体

动作说明：

保持引体向上的准备姿势；双臂发力，快速将身体拉起，到达顶峰时双手略微松握；双手紧握缓冲，使身体下落。（见图10-3）

动作要点：

肩胛微收，发力快速而连贯。

图 10-3

动作进阶2：爆发式引体正反握空中交替

动作说明：

保持引体向上的准备姿势；双臂发力，快速将身体拉起，到达顶峰时双手快速由正握变为反握；双手紧握缓冲，使身体下落。重复动作，正握与反握交替进行。（见图10-4）

动作要点：

上拉时快速而有力，正握与反握切换连贯。

图 10-4

动作进阶3：爆发式单杠攀爬

动作说明：

保持引体向上的准备姿势；一只手臂爆发式将身体拉起，对侧手向上方伸，对侧腿屈髋、屈膝成直角，整体类似攀爬姿态。（见图10-5）

动作要点：

发力快速，上下肢协调配合。

图 10-5

3. 杠铃杆弹震式二头弯举

动作说明：

双手反握杠铃杆，握距约与肩同宽；双手爆发式用力向上抬杠铃杆；将杠铃杆缓冲下落，回到起始姿势。重复动作。（见图10-6）

动作要点：

抬杠铃杆时发力快速，下落时积极缓冲；可加入下肢的协调配合。

图 10-6

二、下肢快速伸缩复合训练

1. 单腿蹬跳

动作说明：

面向跳箱，一只脚放在跳箱上，脚后跟靠近跳箱边缘，另一只脚撑地；在跳箱上的脚蹬箱跳起，使重心快速上升，并在空中交换腿。重复动作。（见图10-7）

动作要点：

放在跳箱上的脚前脚掌蹬地发力，使重心上移；蹬摆配合，空中交换腿自然而协调。强度随着跳箱高度的增加而增大。

图 10-7

2. 单腿蹬跳交换腿

动作说明：

面向跳箱，一只脚放在跳箱上，脚后跟靠近跳箱边缘，另一只脚撑地；在跳箱上的脚蹬箱跳起，同时双臂上摆；先前在跳箱上的脚落回地面，另一只脚在空中交换落到跳箱上，且这只脚应该先于撑地的脚落回。立即重复动作。（见图10-8）

动作要点：

放在跳箱上的脚前脚掌蹬地发力，使重心上移；蹬摆配合，空中交换腿自然而协调。强度随着跳箱高度的增加而增大。

图 10-8

3. 横向蹬跳

动作说明：

站在跳箱一侧，一只脚放在跳箱上，内侧靠近跳箱边缘，另一只脚撑地；双臂上摆，在跳箱上的脚蹬箱跳起，落回跳箱上，且应该先于撑地的脚落回。立即重复动作。（见图10-9）

动作要求：

蹬摆配合。强度随着跳箱高度的增加而增大。

图 10-9

4. 交替横向蹬跳

动作说明：

站在跳箱一侧，一只脚放在跳箱上，内侧靠近跳箱边缘，另一只脚撑地；双臂上摆，在跳箱上的脚蹬箱跳起，使身体产生横向位移，在空中交换腿；下落时对侧脚落在跳箱上。重复动作。（见图10-10）

动作要点：

上下肢配合，强调动作节奏感。

图 10-10

三、躯干快速伸缩复合训练

1. 直臂俄罗斯转体

动作说明：

屈髋、屈膝坐在地面上，双脚微分，脚后跟离开地面，上半身与地面约成45°角，双臂完全伸展，与大腿平行，双手持球于胸前；上半身尽可能向一侧转动，保持双臂在相同的平面上；转回另一边。左右交替转动。（见图10-11）

动作要点：

利用核心区的力量控制旋转。

图 10-11

2. 下手向上抛实心球

动作说明：

保持身体直立，双手持实心球于胸前；下蹲，使球贴近地面，保持背部平直；双腿发力站起，将球向上抛出。（见图10-12）

动作要点：

蹬地发力与上抛协调、连贯。

图 10-12

3. 运动姿实心球下砸

动作说明：

保持运动姿势，双脚开立，间距与肩同宽，双手持实心球于头后；髋部发力，带动上半身前倾，双手尽可能快速地将实心球砸向身体前方的地面；将球捡起。重复动作。（见图10-13）

动作要点：

下砸时核心收紧，发力快速而连贯。

图 10-13

4. 实心球侧向下砸

动作说明：

保持运动姿势，双脚开立，间距与肩同宽，双手持实心球于头后；将球向一侧甩动并用力砸向地面；将球捡起。在另一侧重复动作。（见图 10-14）

动作要点：

下砸时核心收紧，发力连贯。

图 10-14

参考文献：

[1] 田麦久. 运动训练学[M]. 北京：人民体育出版社，2000.

[2] 肖杰. 学打羽毛球[M]. 北京：人民体育出版社，2000.

[3] 肖杰. 羽毛球运动理论与实践[M]. 北京：人民体育出版社，2005.

[4]朱江华.攀岩运动教程[M].上海：东华大学出版社，2011.

[5]孟刚.户外运动[M].北京：北京师范大学出版社，2008.

[6]冯道光.攀岩运动研究[J].体育文化导刊，2015（1）.

[7]黄亚玲.基于功能诉求的攀岩体能训练内容体系构建[D].天津：天津体育学院，2023.

[8]Phomsoupha M, Laffaye G. The Science of Badminton: Game Characteristics, Anthropometry, Physiology, Visual Fitness and Biomechanics[J]. Sports Medicine, 2015(4).

[9]Kwan M, Cheng C L, Tang W T, et al. Measurement of Bad-minton Racket Deflection during a Stroke[J]. Sports Eng, 2010(3).

[10]Singh J, Raza S, Mohammad A. Physical Characteristics and Level of Performance in Badminton: a Relationship Study[J]. J Educ Pract, 2011(5).

[11]Hussain I, Ahmed S, Arshad Bari M, et al. Analysis of Arm Movement in Badminton of Forehand Long and Short Service[J]. Innov Syst Des Eng, 2011(3).

[12]Singh G, Yogesh. Technology and Badminton[J]. Br J Sports Med, 2010(1 Suppl).

[13]Kwan M, Andersen M S, Zee M, et al. Dynamic Model of a Badminton Stroke[J]. The Engineering of Sport(7), 2008.

[14]Shariff A H, George J, Ramlan A A. Musculoskeletal Injuries among Malaysian Badminton Players[J]. Singapore Med J, 2009(11).

[15]Hong Y, Jun W S, Lam W K, et al. Kinetics of Badmintonlunges in Four Directions[J]. J Appl Biomech, 2013(1).

[16]Cabello D, Padial P, Lees A, et al. Temporal and Physiological Characteristics of Elite Women's and Men's Singles Badminton[J]. Int J Appl Sport Sci, 2004(2).

[17]Raman D, Nageswaran A S. Effect of Game-specific Strength Training

on Selected Physiological Variables among Badminton Players[J]. Int J Sci Res, 2013(10).

[18]Lieshout K A V, Lombard A J J. Fitness Profile of Elite Junior Badminton Players in South Africa[J]. Afr Phys Health EducRecreat Dance, 2003(3).

[19]Tiwari L M, Rai V, Srinet S. Relationship of Selected Motor Fitness Components with the Performance of Badminton Player[J]. Asian J Phys Educ Comput Sci Sports, 2011(1).

[20]Alcock A, Cable N T. A Comparison of Singles and Doubles Badminton: Heart Rate Response, Player Profiles and Game Characteristics[J]. International Journal of Performance Analysis in Sport, 2009(2).

[21]Gawin W, Beyer C, Seidler M. A Competition Analysis of the Single and Double Disciplines in World-class Badminton[J]. International Journal of Performance Analysis in Sport, 2015(3).

[22]Jeyaraman R, District E, Nadu T. Prediction of Playing Ability in Badminton from Selected Anthropometrical Physical and Physiological Characteristics among Inter Collegiate Players[J]. Int J Innov. Adv Res, 2012(3).

[23]Alikhani R, Shahrjerdi S, Golpaigany M, et al. The Effect of a Six-week Plyometric Training on Dynamic Balance and Knee Proprioception in Female Badminton Players[J]. The Journal of the Canadian Chiropractic Association, 2019(3).

[24]Bozdoğan T K, Kizilet A. The Effect of Coordination and Plyometric Exercises on Agility, Jumping and Endurance Ability in Badminton Players[J]. International Journal of Sport Exercise and Training Sciences, 2017(4).

[25]Deng N, Soh K G, Abdullah B, et al. Effects of Plyometric Training on Technical Skill Performance among Athletes: a Systematic Review and Meta-analysis[J]. PLOS One, 2023(7).

[26]Chen L, Zhang Z, Huang Z, et al. Meta-analysis of the Effects of Plyometric Training on Lower Limb Explosive Strength in Adolescent Athletes[J]. International Journal of Environmental Research and Public Health, 2023(3).

[27]A l Attar W S A, Bakhsh J M, Khaledi E H, et al. Injury Prevention Programs That Include Plyometric Exercises Reduce the Incidence of Anterior Cruciate Ligament Injury: a Systematic Review of Cluster Randomised Trials[J]. Journal of Physiotherapy, 2022.

[28]Andersen L L, Larsson B, Overgaard H, et al. Torque-velocity Characteristics and Contractile Rate of Force Development in Elite Badminton Players[J]. Eur J Sport Sci, 2007(3).

[29]Chin M K, Wong A S, So R C, et al. Sport Specific Fitness Testing of Elite Badminton Players[J]. Br J Sports Med, 1995(3).

[30]Lieshout K A V, Lombard A J J. Fitness Profile of Elite Junior Badminton Players in South Africa[J]. Afr Phys Health Educ Recreat Dance, 2003(3).

[31]Faccini P, Dal Monte A. Physiologic Demands of Badmintonmatch Play[J]. Am J Sports Med, 1996(6 Suppl).

[32]Liddle S D, Murphy M H, Bleakley W. A Comparison of the Physiological Demands of Singles and Doubles Badminton a Heart Rateand Time(Motion Analysis)[J]. J Hum Mov Stud, 1996(29).

[33]Rasmussen J, Kwan M, Andersen M S, et al. Analysis of Segment Energy Transfer Using Musculoskeletal Models in a High Speed Badminton Stroke[C]. 9th International Symposium Computer Methods in Biomechanics and Biomedical Engineering, 2010.

[34]Jaitner T, Wolf G. Analysis of Badminton Smash with A Mobile Measure Device Based on Accelerometry//Menzel H J, Chagas M H. 25th International Symposium on Biomechanics in Sports. 2007.

第十一章　小轮车项目的快速伸缩复合训练方法

第一节　小轮车运动的项目特征

　　自行车越野英文全称 Bicycle Motocross；在我国，人们根据这种车车轮比较小的特点，又称它为"小轮车"。BMX自行车于1969年诞生于美国的加利福尼亚，并在很短的时间内以独特的魅力征服了全美国。小轮车运动要求车辆的车轮直径为0.58m，车身一般以合金材料或碳纤维制成，可以承受一定速度的冲击力和承受力。起初，小轮车竞速遵循摩托车越野赛的模式，比赛场地为由多个小土包组成的长度为300—400m的封闭赛道，车手在封闭的赛道内用最快的速度越过障碍，并且以最短的时间到达终点。小轮车竞速采用多轮次淘汰制，获胜的标准是客观的，第一个越过终点线的车手获胜。自由式小轮车是在竞速小轮车出现后不久发展起来的，并且可以采取各种形式，包括在平地、公园和街道等环境进行，采取垂直（半管）方式等。竞速小轮车和自由式小轮车的区别在于：自由式小轮车基于技巧的表现，对技巧的评判是主观的。且自由式小轮车的车头装头戴式受话器的位置有一个特殊的零件——回转仪，它能使车头360°转动，而竞速小轮车不能。

一、小轮车运动快速伸缩复合训练的需求

自2008年北京奥运会以来，自行车越野赛正式成为奥运会自行车比赛项目。小轮车竞速是一项以无氧供能为主的泥地竞速运动，对运动员的肌肉最大力量、爆发力、无氧耐力等素质有很高的要求。在这个项目中，8名车手在大约400m长的狭窄的越野赛道上重复进行连续的冲刺比赛，包括转弯和跳跃，每场比赛持续30—50s。出发时快速踏蹬，每次通过障碍时做出的加速、起跳等用力不是持续的，短时间和大强度运动主要靠磷酸原和糖酵解供能。小轮车竞速每轮比赛时间短且技术要求高，所以速度力量、力量速度、爆发力、力量等是很重要的。比如，小轮车运动强调向心肌肉收缩，最主要的影响因素就是力量，尤其在出发起始阶段的最大发力率（RFD）中，力量和爆发力是最关键的因素。这是因为出发时运动员是从静止状态开始加速的，外界阻力是最大的。为了能够最大限度地发挥小轮车运动员的竞技水平，提高小轮车竞速项目的比赛成绩，不少专家和教练员将目光集中到快速伸缩复合训练这一训练方法上。

二、小轮车项目的训练特征

与其他自行车项目相比，小轮车竞速有其独有的特点。这项运动的持续时间短（仅为40s左右），对技术要求高，速度、爆发力和耐力都很重要。当前很多关于自行车运动表现的研究都与小轮车无关，二者有几个基本的区别，比如站立启动、车手的站姿、自行车的大小、跳跃的方式等。正因为如此，要提高小轮车竞速运动员的成绩，就需要教练员、运动员掌握该项目的训练要点，再加以合适的训练方法，从而达到理想的训练效果。

在小轮车竞速比赛中，运动员完全是站着进行的，他们还必须进行大跳跃、倾斜转弯、快速而连续的小跳跃，并且应对多达7种的其他障碍。

比赛有多个组成部分：起跑、踩踏板、跳跃和加速。启动通常被认为是小轮车竞速比赛中最关键的部分，小轮车启动阶段最主要的动作是伸髋。在进行跳跃和压包时，运动员的动作发力部位主要集中在躯干，特别是肩部的水平外展和内收、踏蹬力量主要通过髋部和膝关节的伸展产生，因此，运动员必须拥有良好的上下肢力量，以保证在起步过程中完成髋关节和膝关节的屈伸，以及肩关节的水平内收、外展。另外，拥有较强的躯干支柱力量不仅能够提高核心区的稳定性，而且还能使近端的肌肉得到固定，进而保证远端肌肉产生良好的运动效果。

三、小轮车运动快速伸缩复合训练的应用

作为奥运会新兴项目，小轮车竞速在体能方面要求运动员无氧能力强，并且具有一定的有氧基础，而在技能、战术方面要求运动员娴熟且有经验。也就是说，小轮车竞速运动员必须具备反应灵敏、接受能力强和爆发力强的运动特点。教练员要在不断向国外学习经验的过程中总结出一套适合亚洲人体型和体能的训练方法，在训练过程中不能只追求技术或体能的片面进步，而应注重技术和体能的同步发展，以在比赛中取得优异的成绩。

小轮车竞速运动不仅对专项技术要求很高，需要运动员对身体姿势进行良好的控制，对运动员的爆发力也有很高的要求，需要运动员具有较强的上下肢爆发力。当技术达到一定水平时，运动员的爆发力、速度、频率是影响运动成绩的关键。快速伸缩复合训练被定义为在尽可能短的时间内使肌肉进行最大力量的练习，有助于最大限度地发展小轮车竞速运动员的最大力量和爆发力。

第二节 小轮车项目的技术动作特征

一、小轮车技术

小轮车竞速技术可分为出发技术、弯道技术、后轮滑技术、飞越障碍技术等。各种技术环节的强化训练是基础，而完整技术条件下水平的发挥需要通过不断的比赛来实现，尤其是高水平运动员对竞速能力和技术的把握显得非常重要。

（一）出发技术

要求运动员根据出发信号掌握好拉把与蹬踏的协调，把握启动的时机和节奏，做到以最快的速度完成出发、加速、冲刺的过程。在出发挡板被放倒的瞬间，运动员向前蹬车，使前轮略微抬起，离地，但不能抬得过高，且不宜将前轮和挡板之间的距离拉得过远。然后，上肢和上体向前下方压车把，将下肢的力作用于脚蹬上，使车获得动力，向前移动；同时，运动员的上体向前贴，借助身体的重力和核心的力量向前下方跟进，借此获得最大的动力，让车跟随挡板获得速度而出发。

（二）弯道技术

要求运动员准确把握转弯的角度、速度和动作的位置关系，在最短的时间内选择合适的路线，且不排除某些对手会采取故意撞人的战术。所以，既要保持速度，又要避开对手的干扰，在不断的训练中积累经验。

（三）后轮滑技术

要求运动员将前轮抬起，以后轮单轮滑过障碍。其间，运动员需要掌握好平衡，做到不向左侧或右侧歪，前轮不撞障碍，后轮在滑行过程中不后仰；并逐步加上腰腹动作，快速通过障碍。

（四）飞越障碍技术

要求运动员上下肢配合，做到人车一体，车不跳、不歪，非常协调地通过障碍。要以短跑的爆发式蹬踏获得足够的速度而起飞，同时掌握最佳飞行轨迹，实现成功飞越障碍，并且尽可能减少在空中停留的时间的理想状态。

二、小轮车技术的主要特征

（一）出发启动阶段

在小轮车竞速比赛中，经过第一个弯道后领先的运动员往往可以将优势保持到最后。比赛过程中的启动阶段非常关键，对比赛的胜负有决定性的意义。启动前，脚蹬应始终与车纵轴保持90°角，并且与坡面保持水平，此时，蹬踏动作形成的力臂最长（等于曲柄），力矩最大，工作效率最高，运动员在这个阶段获得的水平方向作用力是小轮车前进的主要动力。

（二）弯道阶段

小轮车竞速在弯道阶段竞逐激烈，小轮车竞速项目的危险性也较大，在比赛过程中容易发生激烈碰撞，某些选手甚至还会故意撞人。这就需要运动员头脑清醒，在保持速度的同时注意避开对手的干扰，选择合适的赛道超越对手。

（三）后轮滑阶段

在滑行阶段，运动员需要提拉车把，在通过障碍时保持单轮滑行，且在上下起伏的小障碍之间保持人的重心与车协调行进。在跨越障碍时，运动员应立即将车的重心提高，减小在上坡时重心给车带来的向后分力。在车下滑障碍时，运动员需下压重心，以增大车向前的冲力，提高车速。

（四）飞越障碍阶段

对于障碍比较大的赛道，腾跃动作往往较多。在腾跃过程中，运动员需要适当伸展躯干，以增加腾跃距离；着地后压低重心，以提高车的行进速度。同时要控制腾跃节奏，特别是针对连续多个大障碍的腾跃，保持节奏是制胜和安全的关键。

三、小轮车竞速技术训练与运动生理学的关系

小轮车竞速比赛是一个多轮次竞争的项目，而且越接近决赛，竞争越激烈。要赢得最后的胜利，运动员必须具备出色的无氧能力和有氧能力，以保障完成前面的4轮淘汰赛，并且在第5轮决赛前使身体机能处于良好的竞技状态。出色的有氧能力必然对间歇期的快速恢复，以及决赛期竞技能力最强的动员起到相当的促进作用。当前的训练理论已经证实：以大量有氧训练为基础，以少量突出强度的训练为重点的负荷节奏不仅对那些以有氧供能为主的长距离运动项目（如铁人三项、马拉松跑、冬季两项等）具有重要影响，而且对于很多以有氧或无氧乳酸代谢为主的短、中距离耐力项目也具有不可忽视的参考价值。事实上，国内小轮车竞速运动著名教练张烨就在优秀的女运动员逯艳的训练中大量使用将心率控制在140—150次/分的有氧训练，并且认为有氧训练不仅对肌体氧摄取能力的提高有帮助，而且非常适合提高运动技术。

在实际训练中，小轮车竞速教练员应充分认识到运动员的有氧能力对专项能力的保障和促进作用，重新审视项目训练负荷量和强度的比例安排，在重视运动员最大无氧能力发展的同时，有意识地提高运动员的有氧能力，从有氧耐力、速度耐力、快速冲刺等各种强度级别提升运动员的专项水平。

第三节　小轮车项目的快速伸缩复合训练方法[①]

一、上肢快速伸缩复合训练

1. 跪姿爆发式俯卧撑

动作说明：

保持典型的跪姿俯卧撑姿势，双腿并拢，膝盖着地，双手间距与肩同宽；双手用力推地面，使上半身和双手快速离开地面，距离取决于上半身的力量；预测着地时间，双手轻轻着地，帮助上半身减速。（见图11-1）

动作要点：

保持身体稳定，发力集中，下落时积极缓冲。

图 11-1

动作进阶：爆发式俯卧撑

动作说明：

保持典型的俯卧撑姿势，双手间距与肩同宽；双手用力推地面，使上

[①] 本章动作示范：柯诚；搭档：汪善伟。

半身和双手快速离开地面,距离取决于上半身的力量;预测着地时间,双手轻轻着地,帮助上半身减速。(见图11-2)

动作要点:

保持身体稳定,发力集中,下落时积极缓冲。

图 11-2

2. 爆发式水平引体

动作说明:

保持身体水平,双手拉住杠铃杆,以脚后跟支撑下肢,肩胛微收;双臂用力,快速将身体拉起,到达顶峰时双手略微松握;双手紧握缓冲,使身体下落。(见图11-3)

动作要点:

肩胛微收,核心收紧,身体呈一条直线。

图 11-3

二、下肢快速伸缩复合训练

1. 跳深

动作说明:

站在跳箱上,保持身体直立,双脚间距与肩同宽,脚尖靠近跳箱边缘;从跳箱上迈下,双脚同时着地;立即起跳,跳得越高越好。(见图11-4)

动作要点:

(1)直接从跳箱上向前迈,不要向上或向下改变重心,因为这些调整都将改变最终跳跃的高度。(2)尽可能缩短脚接触地面的时间。(3)强度随着跳箱高度的增加而增大。(4)着地时应强调垂直跳跃的高度,尽量减少水平方向的移动。

图 11-4

2. 跳深+180°转体

动作说明：

站在跳箱上，保持身体直立，双脚间距与肩同宽，脚尖靠近跳箱边缘；从跳箱上迈下，双脚同时着地；立即起跳，在空中完成180°转体；双脚再次着地。（见图11-5）

动作要点：

身体下落后快速跳起，转体连贯。

图 11-5

动作进阶：跳深+180°转体+跳上跳箱

动作说明：

为了增加难度，在完成180°转体，并且双脚着地后，可以跳回跳箱上。这是一项难度较高的训练，初学者不可以进行。（见图11-6）

动作要点：

身体下落后快速跳起，转体连贯。

图 11-6

3. 跳深 +360° 转体

动作说明：

站在跳箱上，保持身体直立，双脚间距与肩同宽，脚尖靠近跳箱边缘；从跳箱上迈下，双脚同时着地；立即起跳，在空中完成360°转体；双脚再次着地。（见图11-7）

动作要点：

身体下落后快速跳起，转体连贯。

图 11-7

三、躯干快速伸缩复合训练

1. 运动姿实心球下砸

动作说明：

保持运动姿势，双脚开立，间距与肩同宽，双手持实心球于头后；髋部发力，带动上半身前倾，双手尽可能快速地将实心球砸向身体前方的地面；将球捡起。重复动作。（见图11-8）

动作要点：

下砸时核心收紧，发力快速而连贯。

图 11-8

2. 实心球侧向下砸

动作说明:

保持运动姿势,双脚开立,间距与肩同宽,双手持实心球于头后;将球向一侧甩动并用力砸向地面;将球捡起。在另一侧重复动作。(见图 11-9)

动作要点:

下砸时核心收紧,发力连贯。

图 11-9

3. 45°接抛实心球

动作说明:

练习者屈髋、屈膝坐在地面上,上半身与地面约成45°角;搭档双手持实心球站在练习者前方,练习者伸出双手准备接球;搭档抛出球后,练习者用双手接住,上半身做出最小幅度(45°角)的缓冲后,立即将球抛回搭档。(见图11-10)

动作要求:

练习者将球回抛搭档的力量主要来自腹部肌群,上半身动作幅度应尽量小。

图 11-10

参考文献：

[1] 田麦久. 运动训练学[M]. 北京：人民体育出版社，2000.

[2] 徐萌，郎健. 快速伸缩复合训练对U17足球运动员灵敏素质的影响[J]. 沈阳体育学院学报，2015（5）.

[3] 张成梅，张建阳，李建达. 小轮车项目特点分析及其体能训练[J]. 山东体育科技，2017（6）.

[4] 车兴权. 谈小轮车运动员的快速力量训练[J]. 辽宁体育科技，2011（2）.

[5] 张烨. BMX小轮车运动员训练手段及规律探析——以甘肃省两名优秀运动员为例[J]. 西部体育研究，2012（2）.

[6] 程鑫柱. BMX小轮车起动技术的重要性及解决方法[J]. 武术研究，2016（10）.

[7] 马忠. 流行体育发展规律初探[J]. 体育学刊，2006（2）.

[8] 邓京捷，李吉如. 振动训练对小轮车运动员下肢肌群肌力影响的研究[J]. 广州体育学院学报，2010（3）.

[9] 张景，黄亚飞，曾吉. 中国小轮车运动发展策略[J]. 体育文化导刊，2008（11）.

[10] 徐道行. 自行车运动＆自行车的发展[J]. 中国自行车，2007（11）.

[11] 梁振国. 目前影响我国小轮车竞速运动发展的重要因素[J]. 少年体

育训练，2009（6）.

[12]杨云生.浅析我国小轮车运动员选材现状[J].武术研究，2016（9）.

[13]张海军，郝斌，郭小涛.我国应大力发展和推广小轮车运动[J].山东体育学院学报，2009（8）.

[14]庞建超.小轮车竞速运动的特点及发展对策[J].军事体育进修学院学报，2012（2）.

[15]张莉，林丽雅，陈建敏.优秀小轮车运动员马丽芸专项速耐训练手段的综合评价[J].中国体育科技，2015（3）.

[16]贾章志，马丽芸.BMX小轮车泥地竞速弯道技术及训练方法的探讨[J].山东体育科技，2023（4）.

[17]孙伊，李志勇，吕峰.对十运会自行车比赛结果的统计及对各项目国内竞争格局的分析[J].首都体育学院学报，2006（1）.

[18]Burr, J F, et al. Physiological Relevance and Health Cost Benefits. Reply: Disputing the Claims for Physiological Fitness and Health Adaptations from Purposeful Training Using Off-road Vehicles[J]. European Journal of Applied Physiology, 2012(9).

[19]Honea, Joy Crissey. Beyond the Alternative Vs Mainstream Dichotomy: Olympic BMX and the Futureof Action Sports[J]. The Journal of Popular Culture, 2013(12).

[20]Di Rienzo, Franck, et al. The Influence of Gate Start Position on Physical Performance and Anxiety Perception in Expert BMX Athletes[J]. Journal of Sports Sciences, 2018(2).

[21]Debraux, Bertucci, et al. Determining Factors of the Sprint Performance in High-level BMX Riders[J]. Computer Methods in Biomechanics and Biomedical Engineering, 2011(8).

[22]Marquet, Laurie-Anne, et al. Comparison of Between-training-sessions Recovery Strategiesfor World-class BMX Pilots[J]. International Journal of

Sports Physiology and Performance, 2015(3).

[23]Moya-Ramón, Manuel, et al. Predicting BMX Performance with Laboratory Measurements in Elite Riders[J]. Journal of Sports Sciences, 2022(11).

[24]Cowell, John F, et al. Strength Training Considerations for the Bicycle Motocross Athlete[J]. Conditioning Journal, 2012(2).

[25]Cowell, John F, et al. Movement and Skill Analysis of Supercross Bicycle Motocross[J]. Journal of Strength and Conditioning Research, 2012(6).

[26]Louis, et al. Physiological Demands of a Simulated BMX Competition[J]. International Journal of Sports Medicine, 2012(11).

[27]Mateo, Manuel, et al. Heart Rate Variability and Pre-competitive Anxiety in BMX Discipline[J]. European Journal of Applied Physiology, 2012(1).

[28]Ding Yiyin. Parents, Me&X-sports: Mapping the BMX Culture in Contemporary China[J]. Journal of Sport and Social Issues, 2019(10).

[29]Renfree, Gillian, et al. Skateboard, BMX Freestyle and Sport Climbing Communities' Responses to Their Sports' Inclusion in the Olympic Games[J]. Managing Sport and Leisure, 2021(11).

[30]Koellner, Anton, et al. Structural Responses on a BMX Racing Bicycle[J]. Procedia Engineering, 2014(1).

第十二章 跑酷项目的快速伸缩复合训练方法

第一节 跑酷运动的项目特征

跑酷运动诞生于20世纪80年代的法国。"跑酷"一词来自法文的Parkour音译，衍生自法语Parcours，有时缩写为PK，在字面上有"超越障碍训练场"的意思；而在跑酷的世界里，练习者的相应称谓是"Traceur"。跑酷运动把整个城市当作一个大训练场，围墙、房子、楼梯、障碍物等都成为可以攀爬、穿越的对象。有人认为跑酷是一种街头极限运动，其实跑酷并不以体现极限为主要特点，它是一项循序渐进的运动，安全很重要。跑酷有点类似于Free Running。二者的区别在于：Free Running更讲求表演性和观赏性，而跑酷强调速度、实用性和灵活攀越。跑酷又称"城市体操"，是时下风靡全球的时尚极限运动。2006年，跑酷运动进入我国，并开始推广。跑酷不仅是门运动的艺术，它的热衷者更愿把它看成一种青年亚文化所倡导的生活方式，它是一项包含走、跑、跳、攀、爬、钻、滚、翻等技能的综合性运动项目，在跑跳和攀爬中，自由的灵魂无限伸展。跑酷者运用自身的动作技能，以最快、最安全的方式翻越或通过各种障碍物，从一个点到达另外一个点。

一、跑酷运动快速伸缩复合训练的需求

跑酷运动是一项对速度、平衡、灵敏等各方面素质都有很高要求的项目。它具有运动的特殊性，需要结合各式各样的跑、跳、着地、支撑跳跃、攀爬、悬挂、摆动等动作，因此对上下肢及核心区的爆发力水平要求较高。

对上肢而言，跑酷运动中常常出现攀爬、悬挂、摆动、支撑跳结合的动作，因此在完成上肢主导的动作中，爆发力就成了动作完成的关键。对躯干支柱而言，在空中控制核心区尤为重要，摆动等动作的实施需要强大的核心区控制的支持。对下肢而言，一切跑、跳动作都离不开下肢的发力。更强的爆发力需要更强的发力率和更好的反应强度的支撑，而这些都可以通过快速伸缩复合训练来提高。从整体动作模式角度来讲，跳跃及缓冲着地是最常见的跑酷动作模式，需要肌肉具有很强的离心收缩能力，而快速伸缩复合训练正是一种可以训练肌肉离心能力的方法。

综上所述，快速伸缩复合训练是提高跑酷运动表现和预防跑酷运动过程中的损伤的重要训练方式。

二、跑酷运动的训练特征

跑酷是一种以最快的时间、最简单的方法、最少的能量消耗从一个点到达另一个点的运动。这些增强运动使肌肉在尽可能短的时间内达到最大强度，在短时间内对运动员的神经肌肉系统和关节施加了很大的压力。如果在没有制定正确和准确的计划的情况上进行这些运动，会对关节和肌肉造成严重的损害。跑酷同样是体现移动技巧的运动，要体现出优美性、控制力和高效性，并且做到很好地展现自我。跑酷训练中有三项指标极其重要：力量、稳定性和协调性，只有这三点同步发展，才是正确的方法，参与者才不易受伤。力量训练中最为重要的两点是爆发力训练和力量耐力训

练，较强的稳定和协调能力也是展现出良好的动作必不可少的。跑酷运动的训练过程除了需要良好的爆发力及力量耐力，还需要强大的供能系统，如在每次跳跃动作中发挥作用的磷酸原系统、短时间内重复攀爬和跳跃需要的糖酵解系统，以及在进行长时间训练时发挥作用的有氧氧化系统。还有研究显示，跑酷运动员的生理特征与体操运动员无显著性差别，因此，跑酷是一项综合的运动，需要多方面素质的共同发展。

三、跑酷运动快速伸缩复合训练的应用

目前，主流的跑酷训练仍然以跑酷相关动作为训练基础。稍加研究就会发现，很多跑酷的基础训练，本质上也体现着快速伸缩复合训练的特点；也有很多专家、学者已经意识到可以通过专门的快速伸缩复合训练提高跑酷运动员的爆发力。

一项对19—26岁的具有4年以上专业经验的男性跑酷运动员进行的随机对照研究显示：进行快速伸缩复合训练后，运动员的立定跳远水平产生了统计学上的显著性差异（跳远是跑酷的主要动作之一）。对于跑酷运动中的动作表现，如跨越障碍等，进行快速伸缩复合训练可以增加跳跃的力量，显著地提高跑酷的表现。因此，所有练习的主要目的都是提高跳远能力。Ozbar等、Campillo等、Imani等研究认为增强运动可以提高力量和敏捷性。跑酷运动可以使水平跳跃更有力、效果更好，注重髋后部的股二头肌，即髋伸肌，以及膝关节屈肌的同心强度和刚度的训练可以提高髋伸和膝关节屈曲时的同心收缩率。这个功能，结合高偏心力量的膝关节伸肌，可以防止过度屈曲和重心下降，提高垂直速度，降低水平速度，这是实现一次成功的跳跃所必需的。且在这项研究中，为期8周的增强运动项目显著降低了跑酷运动员的体脂率，体脂率的控制显然对于运动员的灵敏性和速度能力至关重要。

随着跑酷运动的普及及体能训练的体系化进展，跑酷项目中的快速伸

缩复合训练的应用一定飞速发展。

第二节　跑酷项目的技术动作特征

一、跑酷运动技术

跑酷运动强调动作技巧和身体控制，运动技术相对开放，主要的动作技术为跑、跳跃、攀爬、滑行等。包括：

1. 基本着地（landing）：从低往高练，前脚掌先着地，双手后着地（顺序不要颠倒），尽量做到声音小。

2. 翻滚（roll）：跑酷的最主要的动作，着地做翻滚时可以缓冲冲击力。

3. 着地翻滚（rolling）：从高处跳下时，把冲击力转换成向前的冲力，且能连贯地接下一个动作。

4. 鱼跃翻滚（swan dive）：一种翻滚的延伸翻越，一般表现为用身体翻越过障碍物（熟练者可以到达无声无息的效果）。熟练掌握鱼跃翻滚对练习其他动作有很大的帮助。

5. 平衡（balance）：练习身体的协调性，以便在高处或狭长的栏杆、建筑物等之上站稳。

6. 猫爬【猫式平衡（cat balance）】：比走栏杆更保险的单线穿越法。姿势很重要，身体应该尽量与栏杆平行，双手握住栏杆，控制平衡点。在跑酷中，这个动作很少被用到；不过在一些特殊环境中能起到重要作用。

7. 单脚跳远（precision one foot take off）：跑起来后，很多动作都是一脚发力做跳跃或攀爬，训练单脚发力。

8. 精准跳远（precision two feet take off）：慢慢地从大目标练到小目标，

不可操之过急，否则会发生危险。它也体现为基本着地的升级，要求脚部有良好的定力，延伸动作助跑精确。

9. 侧手反抓栏杆（dismount）：在高处过栏杆准备下跳前的保险式动作。

10. 侧手反抓墙（turn vault）：与侧手反抓栏杆不同，可以用手牢牢握住栏杆，用手掌面或者中间起老茧的地方在墙面上固定身体，保持平衡。

11. 快速上墙（wall run）：助跑后单脚蹬墙，前脚掌与墙面成45°角（初学者在单脚蹬墙后，另一只脚不能再蹬），双手抓墙后做引体向上。

12. 蹬墙跳（tic tac）：跑墙的第一式，一只脚接触墙面发力。

13. 蹬墙定点（tic tac to precision）：蹬墙后精确到达目标。

14. 夹墙（crane）：对不高、不低的物体进行的一种快速攀爬方式。一步跨上，另一条腿在下方起杠杆作用，支撑身体，保持平衡。

15. 月亮步（moonstep）：助跑，单腿蹬墙向上，腾空中快速蹬墙。在练习此动作之前，蹬墙能力要达到很高水平。

16. 猫扑（catleap）：上墙或者上物体的前式。把自己固定在障碍物下，以衔接下一个动作。

17. 反猫扑（180° catleap）：蹬墙、180°转身与猫扑的结合式。双手抓住墙时，做引体向上，蹬墙转身。

18. 助跑猫扑（running catleap）：长距离单脚起跳猫扑。需注意的是，前脚掌要先与墙面保持距离，以免腿或膝盖撞到墙面。

19. 蹬墙猫扑（wall climbing catleap）：蹬墙与猫扑的结合式。

20. 猴跳（monkey vault）：过障碍时双腿缩好，双手撑障碍物而过。

21. 猩猩跳（kingkong vault）：在练习此动作之前应先掌握猴跳。它与猴跳的区别是双腿屈曲45°，跨过面积较大的障碍。

22. 双重猩猩跳（double kingkong vault）：为猩猩跳的进阶，腾空后腿应尽量抬高。

23. 猩猩飞台（diving kingkong）：鱼跃腾空与猩猩跳的结合式。

24. 猩猩精确跳（precision kingkong）：猩猩跳与精确定点的结合式。

25. 猩猩跳接猫扑（kingkong catleap）：体现为"空中换招"。如果身体协调性不好，难以做到在空中变换动作，容易导致头部撞到物体。

26. 双腿冲跳（dash vault）：分为两种动作。常见的是腿部先越过障碍物，然后用手在身后支撑身体；还有一种表现为越过障碍后双手向前拨障碍物，腿与地面呈弓形，双手发力，使身体落得远一点。

27. 猩猩跳接冲跳（kingkong dash）：进行猩猩跳后快速收缩腹肌，下半身在前，然后用双手支撑身体，双腿向前冲跳。

28. 懒人跳（lazy vault）：侧身越过障碍物的技巧。左（右）手支撑在障碍物上，用左（右）腿跳过障碍物。

29. 侧身跳（speed vault）：好处是过栏杆后没有多余动作，直接进行快速跑。

30. 钻栏杆（underbar）：头先通过、脚先通过均可，要求动作准确，如果途中身体变形，都会导致腰或头撞到栏杆。

31. 单杆飞抓（lache）：用甩出去的力带动身体。对于经常玩单杠的人，应该比较容易掌握。

32. 倒立（handstand）：训练手臂力量、腰部力量及协调性。

33. 顺风旗（flag）：训练握力、腕力、臂力、腰力和大腿肌肉的力量。

34. 手撑旋转（palmspin）：此动作易学。手撑在栏杆或平面上，以双手和肩作轴，注意甩肩、转动身体，目视原点。

35. 墙转（wall spin）：是一种跑酷经典动作。起跳后，依靠身体在墙壁上悬停的0.5秒，快速向侧方位完成旋转。练习此动作之前必须掌握手撑旋转（熟练到在斜墙上进行）。

36. 侧空翻（aerial）：练习此动作，须掌握远近手侧手翻，注意单腿出力、转速和高度。

37. 前空翻（sideflip）：动作形式与侧空翻类似，注意高度和转速。

38. 后空翻（backflip）：在低处以腰为轴心后翻，在高处以头为轴心后翻。

二、跑酷运动的主要文化特点

（一）实用性

跑酷运动的功能在于使参与者发挥身体和心理上最大的能力，在利他主义精神的指引下援救他人，它还要求参与者超越一切障碍，快速、有效、顺利地逃脱。无论如何，逃生哲学孕育的跑酷运动始终带有实用性的影子，这也是跑酷运动一直强调效率性的原因。参与者不仅要以最快的速度到达目的地，而且要选择最直接、最有效率的路线，这区别于注重表演和创造力的极限运动——自由奔跑（free running）。此外，跑酷运动的实用性还体现在强调将参与者在运动过程中身体受到伤害的程度降到最低。

（二）极限性

在信息爆炸的知识经济时代，都市人的生活节奏变得越来越快，工作压力越来越大，生存空间越来越小。一方面，人们更加需要寻求刺激、发泄压力、释放能量；另一方面，对于一般的刺激和享受，人们又习以为常、不足为奇。这时，人们便开始追求更为强烈的刺激，从而获得所需要的感觉和享受，极限运动的兴起，正好满足了人类的这一需求。赫伯特指出，以奥林匹克项目为代表的竞技体育过分地强调竞争和表演，已经偏离了体育对人的身心发展的促进作用，以及催生良善道德品质的初衷。与此区别，极限运动不需要太多的规则，可最大限度地表现自我，通过自我表现和自我实现在运动中获得愉悦感和成就感是极限运动最突出的本质特点。随着跑酷运动的发展，其实用性的影子渐渐退却，优美的空翻、高难度的攀爬、杂耍般的跳跃等动作多了起来，极限性的文化特征日益凸显。

（三）生态性

跑酷运动的场地就是人类赖以生存，同时加以创造的自然世界和物理设施，区别于专门的运动场。而且，跑酷运动的场地并不局限于城市生活主导的建筑空间，该运动使参与者活动的区域延伸到更加富有生机和活力的大自然中，树木、花丛、河流、山坡等均可成为跑酷者跨越的障碍和亲近的对象。跑酷运动注重生态性的文化特征恰好体现了人类自然伦理倡导的新的价值观，即应确立一种体育与体育实践主体和谐的价值取向，追求体育对人的终极关怀。

（四）时尚性

跑酷运动的时尚性体现在它在社会大众中可被划分出"我者"和"他者"，以及大卫·贝尔和杜易泽这样的领潮者的"趋异"和广大时尚青年赶潮者的"求同"，这使跑酷在社会历史的共时性状态中对人们起着既分化，又同化的复杂作用。不可否认，处于不同阶级、阶层的人也有共通性，这种共通性使不同群体的人在追逐时尚的过程中得以同化；同时，身处上层社会的人常常标榜自己独特的情趣、理想等，常常表现为将一种实物转化为一种文化符号，并把它作为区别于其他群体的标志。生活在社会中的每个人都会寻求一种群体的归属感，而跑酷运动就通过在都市青少年中制造流行和时尚，构建着跑酷者的个人身份和群体认同。

三、跑酷技术与运动生理学的关系

由于跑酷具有相对开放性，根据完成距离和目的的不同，参与运动的供能系统也不同。对短时长或单次动作的跑酷而言，磷酸原主导供能；完成较长距离或在比赛时，糖酵解和有氧氧化供能也至关重要。从神经、肌肉层面而言，跑酷需要高度发达的神经对肌肉进行控制，才能做到落点精准。这一点对于跑酷项目的成功和安全性都至关重要，所以在训练中不强调肌肉训练，而强调动作训练。同时，应以提高神经系统的兴奋性及肌肉纤维的募集程度来改善运动员的力量水平，而不应盲目增加肌纤维的横断面。另外，运动员应尽量避免在疲劳状态下进行高难度、具有挑战性和危险性的训练或比赛，因为在疲劳状态下，疲劳的神经对肌肉的控制能力会下降，在此时进行训练或比赛，对选手而言是不负责的。

第三节　跑酷项目的快速伸缩复合训练方法[①]

一、上肢快速伸缩复合训练

1. 单臂快速抛接实心球

动作说明：

练习者面对回弹墙壁或搭档，间距约为3m；保持身体直立，双脚间距与肩同宽；用一只手将实心球抛向回弹墙壁或搭档，在球弹回或搭档回传时接住球，回到起始姿势。（见图12-1）

动作要求：

（1）发力连贯，接球缓冲。（2）强度随着实心球重量的增加而增大。实心球的起始重量约为0.5kg。（3）这个练习也可以使用常规的抛接动作来完成。

---

① 本章动作示范：柯诚、刘俊威；搭档：汪善伟。

图 12-1

2. 爆发式俯卧撑

动作说明:

保持典型的俯卧撑姿势,双手间距与肩同宽;双手用力推地面,使上半身和双手快速离开地面,距离取决于上半身的力量;预测着地时间,双手轻轻着地,帮助上半身减速。(见图12-2)

动作要点:

保持身体稳定,发力集中,下落时积极缓冲。

图 12-2

3. 爆发式引体

动作说明：

保持引体向上的准备姿势；双臂发力，快速将身体拉起，到达顶峰时双手略微松握；身体双手紧握缓冲，使身体下落。（见图12-3）

动作要点：

肩胛微收，发力快速而连贯。

图 12-3

4. 落地俯卧撑

动作说明：

保持典型的俯卧撑姿势；在分开且有一定高度的平台上伸展双臂；从平台上落下，下落时严格保持正确的姿势，并通过肩部和肘部减缓下落过程中的冲力。（见图12-4）

动作要求：

保持身体稳定，下落时积极缓冲。

图 12-4

二、下肢快速伸缩复合训练

1. 直腿屈体跳

动作说明：

双脚开立，间距与肩同宽；跳起，主动屈髋，做并腿体前上举，在跳跃的最高点，尝试用手触摸脚尖；回到起始动作。重复动作。（见图 12-5）

动作要求：

主动做髋关节屈曲，手脚配合，下落时积极缓冲。

图 12-5

2. 跨栏跳

动作说明：

保持双脚并拢姿势，背部平直，腹部收紧；臀部和双膝发力，向前跳过障碍物，同时摆动双臂，以保持平衡并跳得更高；屈髋、屈膝着地缓冲。（见图12-6）

动作要求：

双膝不可以分开或偏向一侧。

图 12-6

动作进阶：立定跳远+跨栏跳

动作说明：

完成双脚立定跳远动作；在栏架前面约0.46m的位置着地之后，垂直跳过栏架。在剩下的栏架重复动作。（见图12-7）

动作要点：

（1）根据个人能力选择适当的跳跃距离和着地缓冲时间。（2）摆动双臂，以在跳远和垂直跳过栏架时达到最远距离和最大高度。

图 12-7

3. 横向双脚跳

动作说明：

侧对栏架双脚开立，间距与肩同宽；上半身前倾，双臂位于体侧，背部挺直；双臂快速上摆，同时快速伸髋、伸膝，双脚蹬离地面，侧向跳过栏架；屈髋、屈膝着地缓冲，同时双臂下摆至体侧；保持着地姿势1—2s；回到起始姿势。（见图12-8）

动作要点：

跳跃时三关节伸展，下落时积极缓冲。

图 12-8

三、躯干快速伸缩复合训练

1. 仰卧起坐接抛实心球

动作说明：

练习者屈髋、屈膝坐在地面上，上半身与地面约成45°角；搭档双手持实心球站在练习者前方，练习者伸出双手准备接球；搭档抛出球后，练习者用双手接住球，上半身积极缓冲；立即将球抛回搭档。（见图12-9）

动作要求：

练习者将球回抛搭档的力量主要来自腹部肌群。

图 12-9

2. 运动姿实心球下砸

动作说明：

保持运动姿势，双脚开立，间距与肩同宽，双手持实心球于头后；髋部发力，带动上半身前倾，双手尽可能快速地将球砸向身体前方的地面。（见图12-10）

动作要点：

下砸时核心收紧，发力快速而连贯。

图 12-10

3. 双腿跪姿平行旋转扔实心球

动作说明：

保持双腿跪姿；双臂屈曲，双手将实心球抬至腰部水平位置，双臂微屈；上半身向右侧旋转，同时双手持球移至腰部右侧；髋部发力，带动上半身转向前方；起身至大腿与地面垂直；双手尽可能快速地将球向前抛出。（见图12-11）

动作要点：

发力有控制，收紧臀部。

图 12-11

4. 分腿跪姿弹力带帕洛夫前推

动作说明：

保持分腿跪姿，双手持弹力带，身体与弹力带阻力方向垂直；双臂缓慢伸直并前推。重复动作。（见图12-12）

动作要点：

双臂的运动轨迹控制为直线，上半身直立且稳定。

图 12-12

参考文献：

[1]高科. 城市就是健身房：跑酷与自身体重训练（修订本）[M]. 北京：中华工商联合出版社，2014.

[2]Ford R, Musholt B. Parkour Strength Training: Overcome Obstacles for Fun and Fitness[M].

[3]Edwardes D. The Parkour&Freerunning Handbook[J].

[4]Atkinson M. Parkour, Anarcho-environmentalism and Poiesis[J]. Journal of Sport and Social Issues, 2009(2).

[5]Dvorak M, Eves N, Bunc V, et al. Effects of Parkour Training on Health-related Physical Fitness in Male Adolescents[J]. The Open Sports Sciences Journal, 2017(1).

[6]Rocha J, Silva R, Oliveira M, et al. Chronic Effect of Strength Training on Vertical Jump Performance in Parkour Practitioners[J]. Archives of Budo Science of Martial Arts and Extreme Sports, 2018(13).

[7]Seyhan S. Effects of 8-week Strength Training on the Vertical Jump

Performance of the Traceurs[J]. Journal of Curriculum and Teaching, 2019(2).

[8]Grosprêtre S, Lepers R. Performance Characteristics of Parkour Practitioners: Who are the Traceurs?[J]. European Journal of Sport Science, 2016(5).

[9]Seyhan S. Comparison of Physical and Physiological Performance Features of Parkour and Gymnastics Athletes[J]. Journal of Education and Learning, 2019(2).

[10]Daneshjoo A, Raeisi S. Effect of Eight Weeks Plyometric Training on Some Kinematic Parameters, Horizontal Jumping Power, Agility and Body Composition in Elite Parkour Athletes[J]. Journal of Sport Biomechanics, Journal of Sport Biomechanics, 2020 (1).